AF503459

PROCÈS

JANVIER DE LA MOTTE

DÉBATS COMPLETS

Cour d'Assises de la Seine-Inférieure

AUDIENCES

Des 26, 27, 28, 29 FÉVRIER, 1ᵉʳ, 2, 3 et 4 MARS 1872

PRIX : UN FRANC

ÉVREUX

HIPPOLYTE RODT, IMPRIMEUR DU MONITEUR DE L'EURE

En vente chez tous les Libraires

1872

PROCÈS JANVIER DE LA MOTTE

COUR D'ASSISES DE LA SEINE - INFÉRIEURE (ROUEN)

Présidence de M. le conseiller FÉLIX

Faux en écritures publiques ou authentiques et privées. — Usage. —
Forfaiture. — Soustractions par un dépositaire public. — Détournement ou soustraction de
deniers publics ou privés. — Concussion. — Complicité.

Audience du 26 février 1872

C'est un fonctionnaire, un préfet de l'empire qui vient s'asseoir sur le banc des accusés. M. Janvier de la Motte, administrateur d'un département voisin de celui de la Seine-Inférieure, du département de l'Eure, se serait rendu coupable, aux termes de l'accusation, de faux en écritures authentiques ou publiques et privées, de concussions, de soustraction de deniers publics et privés.

M. Janvier de la Motte avait eu, comme fonctionnaire dévoué à l'empire, une certaine notoriété, aussi peut-on penser que l'émotion est grande ; mais, dans ce pays où chacun a avant tout à s'occuper de ses affaires commerciales, il ne faut pas s'attendre à voir l'émotion se traduire par un empressement à se rendre à l'audience.

L'affluence qui a été remarquée à Rouen avant l'audience s'explique par les cent cinquante témoins qui sont appelés à déposer dans cette affaire.

Parmi les noms de ces témoins, nous remarquons ceux de M. Pinard, M. Pouyer-Quertier, M. le duc d'Albuféra, M. Lefebvre-Duruflé, etc.

Il n'est plus permis aujourd'hui de parler des splendeurs du Palais de Rouen et des merveilles de cette salle d'assises, sans rivale en France.

Vingt-cinq représentants de la presse locale, de la presse parisienne et de la presse étrangère sont installés autour de deux larges tables dressées devant le banc de MM. les Jurés et devant le banc de la défense.

L'affaire, d'après les on-dit les plus vraisemblables, ne saurait durer moins de huit ou dix jours et la Cour ne pourrait certainement mieux faire, pour précipiter le dénoûment de ce procès, car les audiences commenceront rigoureusement à dix heures précises et ne finiront pas avant cinq ou même six heures du soir, — sans compter les audiences de nuit qui certainement seront nécessaires vers la fin des débats.

L'auditoire est nombreux, mais aucun tumulte ne se produit, et M. le président l'avertit qu'aucun scandale, aucune manifestation qui puisse troubler le calme et la solennité de l'audience ne seront tolérés.

Il est dix heures et demie quand la cour entre en séance.

Le siége du ministère public est occupé par M. le procureur ISOARD, assisté de M. l'avocat général GRENIER.

Au banc de la défense sont assis : M° LACHAUD, défenseur de l'accusé Janvier de la Motte ; il est assisté de M° HOMAIS, du barreau de Rouen. Les accusés Bourguignon, Boulanger et Vittecoq sont défendus par M° FRÈRE aîné, M° VAUTRAIN DU TRAVERSAIN et M° DUCOTÉ, tous les trois du barreau de Rouen.

Les accusés sont introduits.

M. Janvier de la Motte est loin de paraître l'âge indiqué par l'acte d'accusation, ses cheveux et ses moustaches ont gardé leur couleur châtain foncé, son regard est très vif, sa démarche ferme et décidée ; cependant il est calme.

M. Bourguignon, atteint de douleurs rhumatismales, arrive lentement, appuyé sur deux cannes et soutenu par les gendarmes qui le conduisent. C'est un grand vieillard à cheveux gris, mais dont les yeux, abrités par des sourcils noirs, sont restés vifs et brillants.

M Boulanger est un homme grand et mince, d'un visage et d'une tournure distingués. Il écoute la lecture de l'acte d'accusation avec une certaine impatience, qui nous paraît percer dans l'expression de son visage.

M Vittecoq paraît de haute taille et de forte corpulence ; sa barbe est grisonnante, mais ses cheveux sont restés très noirs.

M. l'avocat général GRENIER se lève et, vu la longueur présumée des débats, requiert l'adjonction d'un troisième assesseur et de deux jurés supplémentaires.

La Cour fait droit à ces réquisitions.

M LE PRÉSIDENT. — Premier accusé, vos nom, prénoms, âge, profession et domicile ?

L'ACCUSÉ. — Eugène Janvier de la Motte, ancien préfet, né à Angers, demeurant à Nantes.

M. LE PRÉSIDENT. — Second accusé, vos nom, prénoms et domicile ?

L'ACCUSÉ. — Etienne-Louis-Symphorien Bourguignon, soixante-neuf ans, architecte du département de l'Eure, demeurant à Evreux.

Le troisième accusé déclare se nommer François-Alexandre-Désiré Boulanger, cinquante-trois ans, ex-agent-voyer-chef du département de l'Eure, demeurant à Évreux.

Le quatrième accusé déclare se nommer Edouard-Honoré Vittecoq, être âgé de cinquante-cinq ans, exercer la profession de marchand de farines, ancien maire de la commune de Beaumont-le-Roger.

M. LE PRÉSIDENT. — J'invite les accusés à écouter avec attention l'arrêt de renvoi et l'acte d'accusation dont il a va être donné lecture.

ACTE D'ACCUSATION.

Le procureur général près la cour d'appel de Rouen ;

Expose que la chambre des mises en accusation a, par arrêt du 27 janvier 1872 renvoyé devant la cour d'assises du département de la Seine-Inférieure, pour y être jugés conformément à la loi.

1° Eugène Janvier de la Motte, né le 25 mars 1823 à Angers, ancien préfet du département de l'Eure, rentier, demeurant à Nantes :

2° Etienne-Louis-Philippe-Symphorien Bourguignon, né le 20 frimaire, an X, à la Rochelle, architecte du département de l'Eure, demeurant à Evreux ;

3° François-Alexandre-Désiré Boulanger, né le 4 octobre 1819, à Songeons, ex-agent-voyer en chef du département de l'Eure, rentier, demeurant à Evreux;

4° Edouard-Eonoré Vittecoq, né le 8 janvier 1817, à Ecaquelon, ex-maire de Beaumont-le-Roger, marchand farinier, demeurant à Beaumontel ;

Et que de la procédure résultent les faits suivants :

Le 19 février 1856, l'accusé Janvier de la Motte fut appelé de la préfecture de la Lozère à la préfecture de l'Eure. Il appartenait depuis plusieurs années à l'administration et avait déjà occupé divers emplois, laissant partout la réputation d'un homme sans moralité, sans scrupules, qui cherchait les plaisirs faciles et n'avait souci ni de ses devoirs, ni de sa dignité. Quoique sa femme eût de la fortune et qu'il se réservât exclusivement la jouissance de ses revenus, il était obéré. L'instruction constate qu'avant d'arriver à Evreux, sa position était déjà embarrassée et qu'à Mende, il avait recours pour se procurer de l'argent aux expédients les plus compromettants.

Son séjour dans l'Eure ne fit qu'aggraver sa situation. Son passif s'accrut rapidement, moins par les charges de sa maison que par les dépenses auxquelles ses désordres l'entraînaient. Grâce à la facilité des communications il passait à Paris une partie de son temps, délaissant sa femme et ses enfants pour se livrer à de folles prodigalités avec des filles entretenues et recourant à des proxénètes pour satisfaire ses goûts de débauche.

A la suite de ces déportements, la dame Janvier dut enfin, dans l'intérêt de sa dignité et pour sauvegarder l'avenir de ses enfants, provoquer sa séparation. Elle s'adressa en 1861, au tribunal de la Seine qui accueillit sa demande après un débat contradictoire.

La liquidation qui suivit ce jugement constata que les dettes du sieur Janvier ne s'élevaient pas à moins de 420,039 fr. 25 c. Depuis assez longtemps, il avait cessé d'acquitter ses dépenses les plus pressantes. Ses fournisseurs n'étaient plus payés, il empruntait à ses domestiques, et il fallut, pour désintéresser ses créanciers, que les parents de sa femme s'associassent généreusement aux sacrifices que s'imposait sa propre famille.

Cependant le sieur Janvier ne s'amenda pas. Insensible à l'éclat produit par le jugement de séparation et par la liquidation qui en avait été la suite, il ne vit dans la mesure tardivement provoquée par sa femme que la facilité de se livrer plus librement à ses passions. Ne connaissant plus aucun frein, bravant l'opinion publique, il afficha ses désordres, il installa ses maîtresses à la préfecture et donna à la population d'Evreux le scandale du plus honteux libertinage.

Avec de pareilles habitudes, l'accusé ne devait pas tarder longtemps à contracter de nouvelles dettes. Il emprunta, créa des billets qu'il ne put payer, livra sa signature discréditée à des agents de bas étage, et finit par être l'objet de poursuites qui se renouvelaient chaque jour. Du 21 décembre 1865 au 13 mars 1868, les huissiers d'Evreux ne firent pas contre lui moins de 140 protêts, pour des effets d'une valeur de 296,532 francs. Enfin, à la suite de plusieurs assignations en déclaration de faillite, et d'oppositions formées sur son traitement le sieur Janvier dut procéder à une nouvelle liquidation. Cette opération constata un passif de près de 700,000 fr., créé en moins de sept ans ; cependant il trouva encore, dans les ressources mises à sa disposition par sa famille et par les parents de sa seconde femme, le moyen de se libérer. Il fut mis en disponibilité peu de temps après, dans le mois d'avril 1868.

Déjà des soupçons s'étaient répandus sur la régularité de l'administration du préfet Janvier. On disait que les fonds départementaux n'avaient pas échappé aux dilapidations qui avaient englouti sa fortune et qu'un contrôle sévère ferait découvrir les abus dont il s'était rendu coupable. En 1865, M. Deschamps, qui venait de quitter la mairie d'Evreux, s'était adressé au conseil général et avait demandé que le préfet de l'Eure rendît compte des fonds mis à sa disposition pour secourir les ouvriers que la crise cotonnière avait laissés sans travail, et d'une somme de plus de 15,000 fr. provenant des entrées au concours régional de 1864. L'année suivante, en 1866, un compte fut en effet présenté au conseil général et approuvé par lui ; néanmoins les soupçons persistèrent. Dans le mois de juillet 1870, le conseil municipal d'Evreux, exprima formellement l'intention de demander à l'ancien préfet de l'Eure le compte des entrées au concours régional dont la ville aurait dû profiter. Enfin, le 22 septembre, le maire actuel d'Evreux adressa au ministre de la justice et au parquet une plainte pour faux et pour détournement, qui fut le point de départ de la poursuite.

Le champ ouvert aux investigations de la justice était si vaste qu'il était impossible de l'explorer en entier. Il eût fallu étudier toutes les opérations d'une comptabilité de dix années, s'appliquant à l'emploi de plus de 40 millions. L'instruction a dû se borner à vérifier un certain nombre de faits; mais, si incomplète qu'elle soit, la procédure suffit pour connaître la criminalité des procédés administratifs habituellement employés par le sieur Janvier. C'est en obtenant de la faiblesse de ses subordonnés ou des fournisseurs habituels de la préfecture des mémoires simulés et des attestations fausses, c'est en certifiant lui-même comme exactes des pièces contenant des énonciations mensongères, c'est en délivrant sciemment des mandats dont la cause était supposée, qu'il parvenait à éluder les règles tutélaires de la comptabilité publique, et à se faire remettre des fonds dont le département et les communes étaient indûment constitués débiteurs. La plupart des faits que l'instruction a révélés, et dont il faut maintenant exposer les circonstances, offrent le même caractère.

Les premières fraudes commises par le sieur Janvier remontent à plus de dix ans.

Dans le courant de l'année 1858, le sieur Boulanger, entrepreneur de peinture en bâtiments, fut sollicité par le sieur Bourguignon, frère de l'architecte départemental, à prêter au préfet une somme de 4,000 fr. Bientôt il fut mis en présence du sieur Janvier, qui lui demanda non plus 4,000 fr., mais 15,000 fr. Il avait besoin, dit-il, de rentrer dans une avance qu'il avait faite au département. Boulanger remit les 15.000 fr. à l'huissier de la préfecture, qui lui donne trois récépissés de 5 000 fr. chacun. Plus tard, par les soins du sieur Halbout, chef de la comptabilité, ces trois reçus furent échangés contre une reconnaissance signée par Janvier lui-même.

A l'échéance, le prêt ne fut pas remboursé. Boulanger réclama son argent avec insistance ; Janvier était hors d'état de s'acquitter. Il fit alors remettre à Boulanger, qui le transcrivit dans la forme administrative, le modèle d'un mémoire pour travaux de terrassement et fournitures d'arbres s'élevant à 15,550 fr. 50, somme égale au capital et aux intérêts devenus exigibles. L'exactitude de ce mémoire fut attestée par l'architecte Bourguignon. Le préfet délivra sur la caisse du receveur général une ordonnance de payement qui fut touchée le 22 novembre 1859.

A l'appui du mandat était jointe la pièce qui constituait le département débiteur de 15,550 francs 50.

Toutes les indications du mémoire étaient mensongères ; l'accusé Bourguignon a dû lui-même en convenir. Mais il a soutenu que, si les terrassements n'avaient pas été faits par Boulanger, ils l'avaient été par un autre entrepreneur ; le département n'avait payé, d'après lui, qu'une fois des travaux réellement exécutés.

Ce système de défense ne saurait résister à un examen sérieux. D'une part, il est certain qu'il n'a pas été exécuté d'autres terrassements que ceux dont un sieur Chérel, entrepreneur, a touché le montant. D'un autre côté, il est établi que le prix des arbres a été payé à celui qui les a véritablement fournis. Donc la première partie de la note Boulanger indique des travaux imaginaires et la seconde fait double emploi. D'ailleurs, admettra-t-on que l'accusé Janvier, qui, dès cette époque ne pouvait acquitter les dépenses journalières de sa maison, ait pu faire au département contrairement à tous les usages administratifs, des avances considérables afin d'exécuter des travaux sans urgence, et pour lesquels le conseil général de l'Eure eût sans doute voté, comme il l'a fait dans d'autres circonstances, des crédits supplémentaires.

Ce crime était prescrit depuis onze mois lorsque l'instruction fut commencée. Il a dû cependant être exposé parce qu'il montre l'accusé Janvier payant sa dette personnelle à l'aide de faux mandats sur les caisses publiques, et parce qu'il exclut péremptoirement son système de défense consistant à soutenir que si ses procédés de comptabilité ont été irréguliers, il n'a du moins appliqué à son profit aucune des sommes obtenues par la production de pièces simulées. Ce fait forme comme le premier anneau d'une chaîne qui va se dérouler rapidement.

La même année, au mois d'août, l'empereur passa à Evreux, en se rendant à Cherbourg, et s'y arrêta pendant quelques heures. Des préparatifs avaient été faits pour le recevoir ; la dépense payée par le département sur les exercices 1858, 1859 et 1860, s'éleva à 55,318 fr. 81. Toutes les pièces destinées à justifier l'emploi de cette somme sont déposées aux archives de l'Eure.

L'enquête judiciaire a fait reconnaître que plusieurs des mémoires produits étaient faux. Ainsi, le sieur Quervert et le peintre Boulanger, dont le nom a été déjà prononcé plus haut, avaient présenté, le premier une note de 6.000 fr. pour fourniture de ravins, le second une facture de 5,200 fr. pour diverses décorations. Interpellés par les magistrats, tous deux avouèrent qu'ils n'avaient rien fourni au département. Un sieur Lavollée, dit Poignant, plombier-lampiste, fournisseur de la préfecture, avait produit une note de 4,400 fr., représentant le prix de 22,000 verres de couleur ; il reconnut aussi la fausseté de la note. — Cependant ces trois pièces avaient été, lors de leur fabrication, certifiées exactes par l'architecte Bourguignon. Interpellé à son tour, il fit les mêmes aveux et ajouta que deux autres mémoires l'un de 1,143 fr. 10, l'autre 913 fr. 80, signés par un sieur Siquot, épicier, et visés par lui, étaient également faux.

Le montant de ces mémoires a servi à rembourser des sommes que le préfet avait empruntées personnellement, savoir 5,000 fr. à la dame Verdière, 10.000 fr. au sieur Lefort et 6,000 fr. au sieur Simon, banquier. Mais il est faux que ces emprunts aient servi, comme le sieur Janvier l'a prétendu, à acquitter des dépenses urgentes occasionnées par le passage de l'empereur. En effet, les travaux, au lieu d'être exécutés par des ouvriers étrangers à l'administration et qu'il eût fallu payer chaque jour, ont été faits, sans indemnité, par les cantonniers du service vicinal et des ponts et chaussées. Quant aux mémoires des divers fournisseurs, ils n'avaient point de caractère urgent. Ils ont été payés en 1858, 1859 et 1860 sur des crédits spécialement ouverts par le conseil général. La manœuvre frauduleuse organisée par le sieur Janvier a donc eu pour résultat de mettre à la charge du département le remboursement de trois emprunts qu'il avait contractés dans son intérêt personnel et de faire supporter par les caisses publiques une dépense de 55,000 fr., alors que les dépenses réelles n'atteignaient pas 35,000 fr.

La fabrication criminelle des faux qui viennent d'être relevés est aujourd'hui couverte par la prescription ; mais il n'en est pas de même pour l'usage des mémoires (Quervert, Siquot, Lavollée dit Poignant et des mandats frauduleux qu'il a fallu présenter à la Trésorerie générale le 28 novembre 1860 et le 28 mars 1861 à l'appui des mandats, lorsque la dame Verdière et le sieur Simon ont touché le solde de ce qui leur était dû.

Le service des chemins vicinaux et le règlement des dépenses occasionnées par l'inauguration du pont d'Andé dans le mois de décembre 1861, ont donné lieu à des fraudes analogues, commises par le sieur Janvier, avec la participation de l'agent-voyer en chef du département, le sieur Boulanger.

Le 16 décembre 1861, le préfet de l'Eure prit un arrêté autorisant l'organisation d'une régie par avances pour l'exécution de travaux sur le chemin n° 47 du Pont-Saint-Pierre à Andé. Perrée aîné, agent-voyer dans l'arrondissement d'Evreux, fut nommé régisseur : la somme à dépenser était fixée approximativement à 5,000 fr. Un mandat de cette somme fut présenté et touché le 30 décembre 1861 à la caisse du trésorier-payeur général. Comme les règles de la comptabilité administrative exigent que l'emploi de toute avance soit justifié dans le délai de trente jours, on produisit, le 26 janvier 1862, un mémoire de 5,000 fr. pour prix de terrassements exécutés sur le chemin n° 47. Ce mémoire avait été signé en blanc par le sieur Jules Godard, aéronaute à Paris, qui avait été faussement indiqué comme demeurant à Saint-Pierre-du-Vauvray.

Lorsque l'on parvint à découvrir, le 7 décembre 1871, le véritable signataire de la pièce, celui-ci déclara qu'il avait fait une ascension en ballon dans le département de l'Eure ; qu'il avait touché de la préfecture 1,090 fr ou 1,200 fr. ; qu'à cette occasion il avait signé de confiance les pièces qu'on lui avait présentées « que personne plus que lui n'était étonné « de le voir transformer en terrassier. » L'agent-voyer affirma de son côté qu'il n'avait été régisseur que de nom, et qu'il n'avait touché aucune somme.

Outre le visa de Perrée, le mémoire portait la signature de l'agent-voyer en chef Boulanger et d'un délégué du préfet.

Le sieur Parisie, terrassier à Gravigny, est dans un état voisin de l'indigence ; il travaille, pour l'administration des chemins vicinaux, à casser du caillou. Il ne sait pas écrire, et l'agent-voyer cantonal se chargeait ordinairement de rédiger ses mémoires qui ne dépassaient guère 100 fr.

Abusant d'un blanc-seing, frauduleusement obtenu de Parisie, l'accusé Boulanger fit fabriquer, sous la date du 20 octobre 1862, un mémoire de 2,000 fr. représentant le salaire de prétendus travaux exécutés sur le chemin n° 19 d'Evreux à Garennes. Cette pièce devait servir à justifier l'avance d'une somme de 2,000 fr., touchée en vertu d'un faux arrêté de régie. Le prétendu régisseur, l'agent-voyer Perrée a déclaré, comme Parisie que toutes les pièces étaient simulées.

On retrouve sur les registres de la comptabilité de la préfecture et de la recette générale, et aussi dans

l'extrait d'un arrêt de la cour des comptes du 17 décembre 1863, la preuve de l'existence d'une autre opération frauduleuse de même nature. Le nommé Letellier, agent-voyer, a touché, le 10 mars 1862, un mandat de 6,200 fr., portant la date du 29 février précédent, comme régisseur comptable de travaux qui n'ont jamais été faits sur le chemin n° 26. L'arrêté de régie et le mémoire justificatif de la dépense ont disparu des archives du département de l'Eure : mais les déclarations de Letellier ne laissent aucun doute sur le caractère criminel de cette affaire.

Par arrêté préfectoral du 12 juin 1862, l'agent-voyer Perrée fut encore nommé régisseur des travaux à effectuer sur le chemin n° 18.

3,000 fr. furent affectés à cette dépense.

La somme de 2,000 fr. seulement a été touchée à la recette générale le 20 juin et le 18 octobre 1862, sur deux mandats de 1,000 fr. délivrés au nom du régisseur. Cependant Perrée affirme que ces fonds ne lui ont jamais été remis. Il n'a même point connu, dit-il, les prétendus travaux qui auraient motivé les mandats. D'un autre côté, on a retrouvé un mémoire de 1,000 fr., en date du 10 octobre 1862, signé par un nommé Védie fils, d'Irreville, et un bordereau dûment certifié par l'accusé Boulanger, en attestant que ce même Védie avait produit un autre mémoire de 1,000 fr. dans le mois de juin précédent.

L'instruction a vainement recherché le signataire de ces deux pièces fausses. Les individus portant le nom de Védie et demeurant à Irreville ou dans les communes voisines, appelés à s'expliquer sur la sincérité des mémoires, ont déclaré qu'ils y étaient restés complètement étrangers, et que jamais ils n'avaient exécuté les prétendus travaux dont il s'agit.

Dans les pièces de la comptabilité figure le nom du sieur Allain, entrepreneur, qui aurait touché, en 1861 et 1862, quatre mandats s'élevant ensemble à 15 630 fr., pour travaux exécutés sur les routes n° 43, d'Evreux à Saint-Pierre-de-Lieurey, et n° 41, de Mesnesqueville à Louviers, Allain a déclaré que ces quatre mémoires étaient faux et qu'il n'en avait pas touché le montant. Il est vrai qu'il a, pendant plusieurs années, travaillé pour le compte du département et notamment à l'occasion de la construction du pont d'Andé ; mais il s'agissait, dans ce cas, de travaux opérés par suite d'adjudication et non par voie de régie. Lui et son fils affirment qu'ils n'avaient point faits les ouvrages indiqués sur les mémoires argués de faux et, par suite, qu'ils n'en avaient pas touché le montant ; si leur signature figure en marge des pièces, le fait ne peut s'expliquer que par une surprise.

Ils ajoutent qu'en dehors de l'adjudication et des travaux supplémentaires dont ils ont reçu le prix par à-comptes successifs et sur certificats de payement ils ont fait des épuisements pour une somme de 5 à 6,000 fr. Il semble résulter de l'ensemble de la comptabilité relative à la construction du pont d'Andé que ces épuisements ont été payés au sieur Allain par l'entrepreneur Garnuchot. Mais en admettant même le système étrange de l'accusé Boulanger, qui prétend que l'on a payé des travaux réels d'épuisement à l'aide de mémoires dont les énonciations étaient contraires à la vérité, il n'en est pas moins établi qu'une somme de plus de 10,000 fr. avait été obtenue à l'aide des quatre faux ci-dessus indiqués.

Un menuisier de Saint-Pierre-du-Vauvray, le sieur Thiberge, avait travaillé, en décembre 1861, à la construction de baraques pour la fête du pont d'Andé ; il lui était dû pour salaire une somme de 60 fr. — L'accusé Boulanger lui a fait souscrire un mémoire de 180 fr. pour fourniture de cailloux destinés à l'entretien du chemin de grande communication n° 41. Un mandat de pareille somme a été touché à la recette générale, et cependant Thiberge réclame encore aujourd'hui le prix de son travail. Il y a donc eu un détournement de 180 fr.

Le sieur Eugène Buchard était, en 1861, aubergiste à Saint-Pierre-du-Vauvray ; l'agent-voyer Boulanger lui fit signer, le 26 janvier 1862, un mémoire de 5,000 fr. pour prétendus travaux de terrassements et fournitures de cailloux qui auraient été faites aux mois de novembre et décembre 1861, sur le chemin n° 1 des Andelys à Pont-Saint-Pierre. Cette pièce fut produite pour justifier le payement fait à titre d'avance d'une somme de 5.000 fr., en exécution d'un arrêté de régie, signé le 18 décembre 1861, par le préfet de l'Eure. Le mémoire, l'arrêté et le mandat en vertu desquels l'argent est sorti, le 10 janvier 1862, des caisses du département, tout était faux.

La cour des comptes, en rapprochant la date des travaux indiqués au mémoire de celle de l'arrêté de régie, fut amenée à soupçonner une fraude ou au moins une erreur : elle rendit, le 17 décembre 1863, un arrêt par lequel il était enjoint au chef du service vicinal de l'Eure de produire un certificat indiquant dans quel compte figurait la dépense de 5.000 fr. et les justifications par lesquelles elle était appuyée.

Le sieur Boulanger n'hésita pas à rédiger, le 9 février 1864, un certificat dans lequel il attestait « que les travaux avaient été réellement exécutés « par Buchard qui avait été tenu d'occuper tous les « ouvriers sans ouvrage munis de cartes d'admission ; « — que ce mode avait été le seul possible pour « l'administration, qui, à ce moment critique, n'a-« vait ni les fonds pour la paie de chaque jour, ni « les outils nécessaires pour occuper ces ouvriers qui « n'en étaient pas pourvus, etc.... »

Ces affirmations mensongères de tous points eurent pour résultat de tromper la religion de la cour des comptes et d'obtenir un arrêt de conformité, approuvant la dépense et les justifications fournies.

Ainsi, l'agent-voyer Boulanger, après avoir donné son concours au préfet pour commettre un premier crime de faux par la fabrication du mémoire Buchard, commit un second crime, en affirmant dans un certificat des faits qu'il savait contraires à la vérité. Cette pièce établit combien la participation de Boulanger aux actes coupables de l'administrateur du département de l'Eure fut directe et persistante ; elle démontra encore toutes les difficultés que la cour des comptes devait rencontrer pour exercer un contrôle efficace sur les dépenses du service vicinal, alors que le préfet et l'agent voyer en chef s'entendaient pour la production d'une comptabilité mensongère.

Interrogé, le 9 juin 1871, par le magistrat instructeur, le sieur Boulanger affirma que tous les mémoires relevés plus haut étaient sincères et qu'ils constataient des travaux réellement faits et régulièrement soldés. Mais, le 24 août dernier, comprenant que la preuve de sa culpabilité allait pas tarder à apparaître, grâce aux constatations faites sur les lieux, il se départit de ce moyen de défense, et déclara que si quelques pièces étaient fausses, elles avaient du moins servi à acquitter des dépenses véritables, et, le 1er septembre 1871, dans une lettre adressée au magistrat enquêteur, il arrêta définitivement le système qu'il a depuis maintenu. Ainsi il reconnaît la fausseté du mémoire Buchard dont il affirmait la sincérité dans le certificat adressé, le 9 février 1864, à la cour des comptes. Il soutient seulement que toutes les sommes obtenues à l'aide de faux ont été employées au payement des fêtes d'Andé, sauf 5,000 fr. dépensés à des travaux d'épuisement. Les tergiversations de l'accusé ne permettent pas d'attacher créance à ses allégations : et, d'ailleurs, en rapprochant le chiffre des dépenses occasionnées par l'inauguration du pont d'Andé du montant des fonds que les faux ont pro-

duits, on reconnaît que l'emploi d'une grande partie des deniers ainsi obtenus reste inexplique. On n'affecta même pas ces fonds à certaine dépenses réellement faites.

Ainsi, il y avait eu à Andé un banquet par souscription dont le menu avait été fourni par la maison Ozenne et Letondeur, de Paris. On devait croire que le prix en était payé, car, en 1862, le sieur Janvier affirmait que toutes les dépenses occasionnées par l'inauguration du pont étaient acquittées. Il n'en était rien cependant. En 1865, les sieurs Ozenne et Letondeur n'avaient pas encore reçu ce qui leur était dû et le sieur Janvier trouvait le moyen de les faire payer sur les fonds du concours régional tenu à Évreux. Ce ne fut point, d'ailleurs, la seule fraude à laquelle il se livra à l'occasion de ce concours. L'instruction constate qu'à la faveur du mouvement de fonds considérable nécessité par ces fêtes auxquelles il avait voulu donner un éclat inusité, le sieur Janvier avait touché, à l'aide de moyens frauduleux, des sommes considérables dont il lui est impossible de justifier l'emploi.

Au mois de février 1864, il fut convenu entre le maire de la ville et le préfet de l'Eure que, pour faire face aux dépenses du concours, les subventions départementales et communales (qui se sont élevées à 283,291 fr.) seraient versées dans la caisse municipale d'Évreux, et que les mémoires de dépenses, quelle que fût leur nature, seraient, après vérification par le délégué de la préfecture, le sieur Perrée, présentées à la mairie qui délivrerait les mandats de payement. Les travaux commencèrent au mois de mars, et, dès cette époque, la caisse municipale avait à sa disposition des ressources suffisantes pour faire face à tous les besoins.

Indépendamment de ces fonds, le conseil général avait voté divers crédits applicables aux exercices 1864, 1865 et 1866, et qui ont donné le chiffre de 54 011 fr. Cet argent, déposé à la Recette générale, servit à acquitter des mandats délivrés directement par le préfet pour payer un certain nombre de dépenses. C'est donc 337,332 fr. 39 c. qu'à coûté le concours, somme énorme si on la rapproche des 39,688 fr. 89 c. qu'on a dépensés en 1870 pour l'exposition régionale.

Au mois de juin 1864, l'agent-voyer Perrée se présenta chez le sieur Moutier, menuisier, qui travaillait d'ordinaire pour la préfecture de l'Eure, et l'engagea à écrire, sous sa dictée, un mémoire de travaux s'élevant à 7,717 fr. 50. Moutier y consentit. Perrée, pour donner une apparence de sincérité aux énonciations de cette pièce frauduleuse, en réduisit le montant à 7,579 f. 55 et la certifia sincère. Le mémoire fut produit à la mairie et suivi d'un mandat délivré le 22 septembre 1864 que l'on fit toucher à la caisse municipale. L'argent fut versé intégralement aux mains du préfet.

Le sieur Monnier, loueur de chevaux à Évreux et fournisseur habituel du préfet, fut invité par l'un des huissiers de la préfecture à copier deux mémoires s'élevant l'un à 3,500 fr. et l'autre à 1,600 fr., dont il lui apportait le modèle. D'après les énonciations du mémoire, cette somme de 5,100 fr. formait le prix convenu entre le préfet et Monnier pour divers transports et louages de voitures et de chevaux pour le concours régional. Aucune fourniture de ce genre n'avait cependant été faite par Monnier. A l'aide de ces deux pièces fausses, on parvint à toucher, les 30 septembre et 21 octobre 1864, sur la caisse municipale deux mandats de 3 500 fr. et de 1,600 fr.

Parmi les fournisseurs qui avaient travaillé à la décoration de la salle du banquet donné à l'occasion du concours régional de 1864, figurait un sieur Boussavit, fleuriste à Paris. Celui-ci produisit, sous la date du 10 juillet 1864, un mémoire de 9,500 fr.

Divers renseignements recueillis au cours de l'instruction appelèrent l'attention des magistrats sur la facture Boussavit, dont la sincérité paraissait fort suspecte. Lorsqu'après le rétablissement de l'ordre à Paris on parvint à découvrir le domicile de ce fournisseur, on apprit qu'il était décédé : ses registres étaient placés sous scellés. Ce fut seulement à la date du 7 juillet que l'on put examiner les papiers, et l'on retrouva le projet des fournitures faites par Boussavit, projet conforme aux écritures de celui-ci, écrit de sa main, et qui le soldait non par un chiffre de 9,500 fr. mais par 2.490 fr. A cet écrit était jointe une dépêche télégraphique du préfet ainsi conçue : « Evreux « le 24 juillet 1864 : Trouvez-vous gare Saint-Lazare, « à l'arrivée du train de Trouville, cinq heures et « demie, pour signer votre mandat, pour toucher vos « fonds, ou six heures et demie, rue d'Enghien, n° 8. « Signé : Janvier. » Grâce à ce document, l'opération criminelle apparaît dans toute sa clarté. Janvier avait fait substituer au mémoire sincère de 2,490 fr. un faux mémoire de 9.500 fr. Il avait appelé Boussavit au domicile d'une fille, Henriette Renault qu'il entretenait à Paris, avait obtenu sa signature sur un mandat frauduleusement altéré et avait échangé ces deux pièces contre une somme de 2.590 fr., payant ainsi la coupable complaisance du créancier par un bénéfice illégitime de 100 fr.

Le faux mémoire de 9,500 fr. a été certifié exact par l'agent voyer Perrée et visé par le maire, dont la bonne foi avait été surprise. Le mandat a été touché par les ordres de Janvier à la caisse municipale.

C'est encore lui qui, le 10 mars 1864, a fait encaisser à son profit un mandat de 6,000 fr. délivré au nom du sieur Duhamel, jardinier de la préfecture, pour remboursement de salaires que ce dernier aurait payés de ses deniers personnels à des ouvriers employés aux préparatifs du concours régional. L'instruction a établi et Duhamel a affirmé que jamais il n'avait fait aucune avance, sa situation précaire ne le lui eût d'ailleurs pas permis ; chaque semaine les terrassiers ont été payés avec l'argent fourni par la caisse municipale d'Evreux, sur présentation de feuilles d'attachement portant le visa de l'agent-voyer Perrée. La comptabilité municipale ne laisse aucun doute à cet égard.

Il est à remarquer que le mémoire qui a servi de base au mandat a disparu des archives du département.

En 1864, les sieurs Roineau, Dubois et Morin, avaient fait pour le concours divers travaux de terrassement et de charroi, dont le prix leur avait été exactement payé sur les fonds de la caisse municipale. Il ne leur était donc rien dû en 1865. Cependant au mois d'avril de cette année, le sieur Alexis Chevallier, huissier à la préfecture, remit au jardinier Duhamel trois modèles de mémoires s'élevant, le premier à 603 fr. 75 c., le second à 1,530 fr. et le troisième à 1,440 fr. qu'il invita à transcrire lui-même et à faire régulariser par Roineau, Dubois et Morin. Duhamel suivit ces instructions et obtint, non sans difficulté, la signature des trois prétendus créanciers.

Pour expliquer à Duhamel la nécessité de cette opération, et de lever tout scrupule de sa part, Chevallier avait allégué que ces pièces avaient pour but de remplacer d'anciens mémoires que la cour des comptes avait rejetés pour vice de forme. Ce prétexte était mensonger ; il n'avait d'autre but que d'amener entre les mains du préfet une somme de 3,573 fr. 75 c. que l'on eut la précaution de toucher, le 12 avril 1865, sur la caisse du trésorier payeur général pour échapper au contrôle de la mairie, qui aurait pu reconnaître la fraude et se refuser à payer une se-

conde fois ce qu'elle avait déjà payé quelques mois auparavant.

Il n'est pas inutile d'expliquer ici que l'huissier Chevallier avait particulièrement la confiance du préfet, qu'il était chargé d'acquitter ses dettes personnelles, et qu'il lui est venu plusieurs fois en aide en lui prêtant des sommes relativement considérables, de sorte qu'il s'est trouvé un instant créancier de plus de 12.000 fr. On le verra bientôt prendre une part directe à d'autres détournements.

Les registres de la comptabilité préfectorale indiquent qu'une gratification de 1 000 fr. a été accordée, par arrêté en date du 17 mars 1864, au sieur Piéton, directeur du Jardin des plantes à Evreux, pour soins donnés à l'organisation du concours régional. Six jours après, les 1,000 fr. furent payés, sur la présentation d'un mandat administratif, par la caisse du trésorier-payeur général. Cependant le préfet n'a remis à Piéton qu'une somme de 400 fr. pour l'indemniser des frais d'un voyage qu'il avait fait à Paris. C'est donc une somme de 600 fr. que le sieur Janvier a détournée.

Le même Piéton avait été chargé, par le préfet de l'Eure, de choisir des fleurs chez divers marchands de Paris pour l'ornementation du concours régional. Vers la fin de 1864, le sieur Halbout ou Alexis Chevallier (la mémoire de Piéton est hésitante sur ce point), lui remit le modèle d'un mémoire de 8.050 fr. en lui faisant comprendre que cette somme serait versée entre les mains du préfet, qui se chargerait, par ce moyen, d'acquitter la facture de divers fournisseurs de Paris. Le sieur Piéton signa et affirma la sincérité du mémoire.

Ces 8,050 fr. furent, en effet, touchés à la recette générale, le 31 janvier 1865 et remis au préfet ; mais sur cette somme, 1,000 fr seulement furent employés par lui à payer les fournitures de fleurs. Tous les autres achats qu'elle était en apparence destinée à solder avaient déjà été acquittés par la caisse municipale. Le sieur Janvier a, par conséquent, détourné 7,050 fr.

Le sieur Simon, directeur du théâtre d'Evreux, reçut du préfet en 1864, une indemnité de 1,000 fr. pour les représentations données dans le mois de mai et dont la recette avait été insuffisante. Il toucha, en outre, une somme de 900 fr. pour prix de l'engagement de 14 danseurs et danseuses qui avaient figuré sur le théâtre d'Evreux au moment du concours.

Quelques mois après, Janvier lui fit présenter un reçu de 4,000 fr. Simon se refusait à l'acquitter, lorsque le préfet lui fit observer qu'il avait acheté des bijoux pour les offrir à plusieurs artistes et notamment à M. Bressant et à Mlle Demain, et qu'il n'était pas équitable que ces dépenses retombassent à sa charge. Ces affirmations levèrent les scrupules de Simon, qui signa le reçu. Or, il est établi par des pièces authentiques que les cadeaux faits à tous les artistes qui ont pris part aux fêtes du concours de 1864 ont été payés sur les fonds du département, en vertu de mandats réguliers. C'est donc une somme de 2,100 fr. que le préfet a détournée de ce chef.

Les écuyers du cirque Royal-Italien n'avaient pas figuré aux fêtes de mai 1865 ; la troupe n'était arrivée à Evreux que vers la fin de juillet, et, le 13 août 1864 : le directeur Ciotti avait, à la demande du préfet, donné une représentation gratuite, pour laquelle il avait reçu 300 fr.; il avait signé une quittance en blanc. Au-dessus de sa signature, le sieur Leloup, chef de division à la préfecture, écrivit de sa main, sur l'ordre du préfet, un reçu de 4,000 fr. « pour représentations extraordinaires et gratuites données à Evreux à l'occasion du concours. » Ainsi l'accusé Janvier faisait payer comme dépenses du concours le prix d'une fête donnée près de trois mois après, et parvenait, à l'aide d'un faux, à s'approprier une somme de 3,700 fr.

Ce fait ne put être établi qu'après de longues recherches. Ciotti en a déposé le 17 octobre 1871, à Trieste (Illyrie), devant le consul de France.

Le préfet s'étant rendu, avec la fille Henriette Renault, chez le sieur Mézard, horticulteur à Rueil, et lui avait acheté des fleurs pour le concours régional d'Evreux. Henriette Renault fit également choix, pour son compte, d'une certaine quantité de plantes dont le prix s'élevait à 89 fr.

Mézard ayant demandé s'il n'y avait pas lieu de faire deux factures distinctes, le préfet l'invita à comprendre la dépense entière dans un même mémoire au compte du département de l'Eure. En effet, une note de 1,545 fr. fut présentée à la caisse municipale d'Evreux, et les deniers publics servirent à payer un cadeau que le préfet de l'Eure faisait à sa maîtresse.

Le 18 mars 1864, l'accusé Janvier prit un arrêté par lequel il organisait une régie administrative pour les travaux du concours régional, fixait à 4,000 fr, la somme à employer et nommait le sieur Quervort régisseur comptable. Le lendemain, un mandat de 1,000 fr., régulièrement acquitté, était touché à la trésorerie générale par ordre du préfet. Cependant Quervert n'a point reçu cette somme. L'arrêté de régie, comme le mandat qui en fut la conséquence, n'ont eu d'autre but que de permettre au préfet de l'Eure de s'approprier la somme de 1,000 fr.

Le 8 octobre 1864, le sieur Alexis Chevallier présenta à la mairie un mémoire de 2,840 fr. 02 c. pour avances faites sur l'ordre de Janvier, afin de payer des « dépêches, paquets, ballots et colis » expédiés à l'occasion du concours régional. Le mémoire fut acquitté par la caisse de la mairie, le 25 octobre 1864. Dans cette somme sont compris 2,899 fr. 02 c. pour dépenses d'affranchissement de lettres. Or, le préfet a la franchise dans tout son département, et il est impossible d'admettre que la correspondance extérieure eût entraîné des déboursés s'élevant à un chiffre aussi exhorbitant. Ce mémoire est donc faux, ou du moins étrangement exagéré. L'évidence de la fraude résulte de cette circonstance que le 26 juillet 1864, c'est-à-dire près de deux mois après la fin du concours, l'huissier Chevallier avait déjà réclamé une somme de 602 fr. 30 applicable à des timbres-postes et dépêches jusqu'à concurrence de 450 fr.

Enfin, on a vu plus haut que, depuis 1861, les sieurs Ozenne et Letondeur n'avaient pu toucher ce qui leur étaient dû pour le banquet du pont d'Andé. Le montant de leurs fournitures s'élevait de ce chef à 10,967 fr 50 c.

A la suite de la distribution des prix du concours régional, ils servirent un second banquet de 700 à 800 personnes dont le prix s'éleva à 18.287 fr. 90 c.

En 1865, les deux comptes furent réunis dans une même facture. Le mémoire fut certifié sincère par le sieur Chefdeville, adjoint; l'accusé Boulanger y apposa son visa et, grâce à cette fraude, on fit acquitter sur les fonds du concours régional une dette de près 11,000 fr dont le préfet avait dissimulé l'existence au conseil général.

En même temps que le concours régional, on avait organisé un concours hippique et une exposition artistique.

Il avait été convenu entre le maire d'Evreux et le préfet que les fonds provenant du prix des entrées appartiendraient pour moitié à la ville d'Evreux : le surplus devait revenir au département. L'accusé Janvier toucha 14.582 fr. 95 c., produit des entrées reçues par le préposé Certon : de plus, il encaissa celle du concours hippique. il se fit encore remettre une somme de 1,959 fr. 50 centimes provenant de la vente par le commissaire priseur d'Evreux de quelques

pavillons ayant servi aux concours. Le reste des chalets, hangards, etc., fut cédé à la société des courses de Damville, moyennant 1,700 fr. Ces sommes furent conservées par le préfet Janvier malgré les réclamations élevées par l'ancien maire d'Evreux, M. Deschamps, 1865 ; malgré les protestations faites par le conseil municipal le 22 juillet 1870, il n'en a jamais rendu compte, et un arrêté du ministre de l'intérieur en date du 22 janvier 1872 l'en a constituer reliquataire.

En résumé. l'accusé Janvier a fabriqué et fait fabriqué seize mémoires et mandats faux qui ont surélevé les dépenses du concours de 58.168 fr. 87 c. Sur cette somme il a reçu 46,201 fr. 37 c. dont il ne rend pas compte ; à quoi il faut ajouter le montant de ces entrées aux différents concours et expositions, ainsi que le prix de vente des pavillons que l'on peut évaluer ensemble à près de 20 000 fr.

Pour expliquer l'emploi de ces fonds, l'accusé ne produit que des allégations vagues : il lui a fallu, dit-il, faire face à de nombreuses dépenses, voyages à Paris et en Belgique, achat de fleurs en France et à l'étranger, travaux urgents de terrassement, frais occasionnés par le passage de l'empereur, avance pour le payement des prix. Tout ce que l'information a pu contrôler de ces assertions a été reconnu inexact ; les seules dépenses réellement acquittées par le préfet de ses deniers personnels proviennent d'un voyage en Belgique, de quelques voyages à Paris et de l'acquisition de fleurs dont le prix n'a pas dépassé 1.000 fr. On peut donc affirmer que les sommes indûment conservées par le sieur Janvier sont de beaucoup supérieures à 60,000 fr.

On a vu que, vers 1860, le sieur Lavolée dit Poignant avait consenti à produire un mémoire simulé qui avait fait sortir indûment des caisses publiques une somme 4,400 fr. L'examen de ses livres a fait découvrir une autre fraude employée par le sieur Janvier pour mettre à la charge du département le payement d'une dette qui lui était personnelle. On y trouve, à partir du 17 juin 1856, deux comptes ouverts, l'un personnellement au sieur Janvier, et dans lequel figurent les dépenses de sa maison. l'autre à la préfecture et qui comprend les fournitures pour l'illumination des bâtiments départementaux les jours de fêtes publique. — Le débit personnel du sieur Janvier s'élève, pour 1855 à 1.100 fr, sur lesquels un à compte 700 fr. a été payé au mois de décembre. Depuis cette époque jusqu'au 19 avril 1862, le compte particulier s continue et arrive à 1,520 fr. Mais, à partir de 1862, il disparaît complètement pour se confondre avec celui de la préfecture et les dépenses réunies, qui, au 26 août 1867, avaient atteint le chiffre de 34,570 fr. auquel il convient d'ajouter le reliquat de 1,520 fr. non payés par l'accusé, sont acquittées avec l'argent des contribuables.

Un expert commis par la cour a fait la division de ces deux comptes frauduleusement confondus, et il en résulte que les dépenses administratives ne sont élevées à 15,410 fr. 35 c., et celles du sieur Janvier à 19.160 fr. 35 c.

Pour tromper la surveillance du conseil général, le préfet de convenance avec l'architecte Bourguignon, a procédé de la manière suivante :

Aussitôt que les crédits de 3,000 fr., votés chaque année pour l'illumination des édifices départementaux les jours de fêtes publiques, devenaient disponibles, l'accusé Bourguignon remettait au sieur Poignant des modèles de mémoire toujours identiques et qui ne comprenaient qu'un seul article ainsi conçu : « Fourni des verres de couleur pour la fête du 15 août. » On avait soin de calculer l'importance de la fourniture de manière à absorber la totalité du crédit. C'est ainsi que vingt-deux mémoires faux ont été fabriqués. Treize seulement, s'élevant à 18,122 fr. 35

centimes, dans lesquels le payement des dettes particulières du sieur Janvier figure pour 2,097 fr. 02 c., sont retenus par l'accusation.

Quant à l'architecte Bourguignon, non seulement il s'est prêté à attester par son visa comme réellement faites des fournitures qui n'ont jamais été livrées, mais encore il a reclamé sur l'ensemb e des dépenses une remise de 5 0/0 qui, à aucun titre, ne pouvait lui appartenir. En eff t, il n'avait accompli aucune vérification, puisque les mémoires n'étaient pas le relevé des dépenses réelles, telles qu'elles résultent des registres de Poignant ; d'une autre part, rien ne pouvait l'autoriser à se faire allouer des honoraires par le département pour le règlement des dettes personnelles du préfet.

Ce n'était pas, du reste, la première fois qu'il recevait une allocation sur le montant de mémoires qu'il savait être faux. Une note du 22 mai 1861, émanée de lui et adressée au chef de division Halbout, indique que cinq mémoires, énonçant des travaux de maçonnerie. s'élevant à 3,486 fr. 12 c., avaient été fabriqués par le sieur Chérel, entrepreneur, pour procurer les fonds nécessaires au payement d'un sieur Chardet, pépiniériste à Évreux. Celui-ci avait livré des arbustes et des plantes de prix pour le jardin de la préfecture ; c'était une dépense que l'on voulait cacher au conseil général ; pour l'acquiter on simula de prétendues réparations à la préfecture, à la gendarmerie, au tribunal civil, à la prison et à la cour d'assises d'Évreux. L'entrepreneur Chérel, interpellé, a été contraint de reconnaître que les mémoires n'avaient pas de cause réelle, qu'il s'était prêté sans profit personnel, au concert frauduleux organisé par le préfet et son coaccusé Bourguignon.

Un moyen analogue fut employé, en 1867, pour payer des dépenses faites au jardin de la préfecture, en sus des crédits qui étaient épuisés. Le sieur Leloup, chef de division, alla trouver le maire de Gravigny et lui proposa l'allocation de deux subventions s'élevant ensemble à la somme de 3,400 fr., à la condition que la commune se reconnaîtrait débitrice de 1,900 fr. envers le jardinier Duhamel, pour prétendues extraction de matériaux. Le maire ne se rendit pas compte de la gravité des actes qui lui étaient demandés ; il soumit la proposition du préfet à la délibération des conseillers municipaux qui l'acceptèrent ; en conséquence, deux mandats furent délivrés sur la caisse de la mairie, et cette collusion frauduleuse mit à la disposition du préfet 1,900 fr., dont l'emploi devait échapper à tout contrôle.

Les fonds destinés par la bienfaisance publique au soulagement des ouvriers sans travail ne furent pas mieux respectés par l'accusé Janvier que les finances départementales.

En 1861, la guerre d'Amérique amena une crise des plus graves dans l'industrie cotonnière. Pour venir en aide aux ouvriers, le gouvernement, les conseils généraux et la charité privée unirent leurs efforts. Le ministre de l'intérieur mit, en 1862, à la disposition du préfet de l'Eure, 122,000 fr. qui devaient être employés à fournir du travail aux ouvriers nécessiteux. Le conseil général vota, en 1863, dans le même but, une imposition extraordinaire de cinq centimes, dont le produit s'éleva à 240,000 fr. L'emploi de ces deux sommes (ensemble 354,000 fr.) ne pouvait être fait qu'au moyen de mandats administratifs délivrés par le préfet sur les caisses des comptables publics.

Indépendamment de ces ressources, une souscription ouverte dans l'Eure par les maires et dont les fonds furent centralisés à la préfecture, amena entre les mains de l'accusé Janvier, une somme de 66,125 francs. Le comité central de la Seine-Inférieure envoya 8,000 fr. L'empereur donna 10,000 fr. sur sa cassette. Enfin, le ministre de l'intérieur, qui avait

recueilli toutes les souscriptions faites dans les départements épargnés par la crise, transmit au trésorier-payeur général, en 1863, 1864 et 1865, pour la part du département de l'Eure, des sommes s'élevant en totalité à 147,738 fr. Ces fonds devaient être touchés par le préfet sur simple récépissé. C'était donc, de ce chef seulement, un secours de 231,860 fr. que la charité privée fournissait pour parer à la misère qui menaçait les classes industrielles.

L'instruction criminelle a dû rechercher comment avait été dépensée cette somme de 231,860 fr., que le préfet de l'Eure avait reçue directement et dont, par suite, il se trouvait constitué comptable dépositaire. Aucune pièce justificative n'existait aux archives de l'Eure, aucun des employés de la préfecture que l'on a interrogés n'a pu fournir d'indication. Des lettres émanées de la cour des comptes et du ministère de l'intérieur avaient invité le préfet à faire connaître l'emploi de plusieurs sommes, et ces demandes d'explication, renouvelées après la mise en disponibilité du préfet et sous l'administration de son successeur, étaient restées sans réponse.

Pour déterminer l'importance des fonds distribués, la justice n'avait pas d'autre moyen que d'ouvrir une enquête dans chacune des communes du département de l'Eure. Cette enquête, confiée à la direction des magistrats cantonaux, constate la distribution d'une somme de 39,097 fr. 20 c.

Interrogé à cet égard, le sieur Janvier prétendit que, de 1863 à 1867, il avait réparti la totalité des sommes destinées aux ouvriers sans travail, mais qu'il était possible qu'une partie des fonds eût été donnée soit aux pompiers, soit à des indigents lors des tournées de révision, ce qui expliquerait l'écart entre les sommes qu'il prétendait avoir payées.

On confia à la gendarmerie le soin de contrôler ces allégations et ses recherches établirent que le montant total des sommes d'argent distribuées par le préfet à quelque titre que ce fût, n'atteignait pas 49,000 fr.

L'accusé conteste ces chiffres et veut se retrancher derrière l'approbation donnée, en 1866, par le conseil général aux comptes qu'il a présentés. Mais il suffit de rapprocher les éléments de ce compte des registres du trésorier-payeur général pour reconnaître que le préfet n'a pas parlé au conseil général de la somme de 147,738 fr. que le ministère de l'intérieur lui avait envoyée en sus de 112,000 fr. dont il est question dans son rapport. Ni le compte qu'il a présenté, ni la délibération qui en a été la suite ne peuvent donc être acceptés comme établissant sa justification. C'est ainsi que M. le ministre de l'intérieur a lui-même apprécié la valeur de ces deux documents, lorsque, par un arrêté en date du 22 janvier 1872, il a déclaré l'ancien préfet de l'Eure reliquataire d'une somme de 213,861 fr. 13 c. sur les fonds dont il a eu le maniement.

Quant aux 242,000 fr. produits par l'imposition votée par le conseil général, ils ont été divertis de leur emploi pour la plus grande partie. Une somme importante fut allouée en apparence aux communes pour des travaux d'utilité publique, mais elle revint immédiatement à l'administration sous le titre de subventions votées par les conseils municipaux pour le concours régional de 1864. Cette somme servit donc à acquitter les dépenses du concours et des fêtes données à cette occasion. Encore ne reçut-elle pas complétement cet emploi, puisqu'une partie des fonds affectés à cet usage rentra dans les mains du préfet à l'aide de mémoires et de mandats constatant des dépenses fictives.

L'accusé Janvier eut recours à un expédient qui lui était habituel pour se mettre en possession d'une somme de 5,000 fr. accordée à la commune de Beaumont-le-Roger, et dont le paiement ne pouvait s'effectuer qu'en vertu de mandats réguliers.

Des relations de familiarité s'étaient établies entre le sieur Vittecoq maire, de cette commune, et lui ; elles avaient eu pour point de départ des prêts d'argent faits par Vittecoq, et qui se sont élevés jusqu'à 32,000 francs. — On peut apprécier le caractère de leur intimité par un fait qui est ressorti de la procédure : le 22 mai 1866, avait lieu a Beaumont-le-Roger la révision des conscrits. Lorsque la séance fut levée, on trouva sur l'estrade, à la place que le préfet avait occupée, un billet contenant des annotations relatives à plusieurs jeunes gens du canton, appelés par le sort sous les drapeaux. Dans cette note, le sieur Vittecoq cherchait à associer le préfet à la satisfaction des plus mauvaises passions. Il ne se bornait pas à recommander certains jeunes gens; il appelait sur d'autres la rigueur du conseil et demandait qu'on se montrât sans pitié pour un d'entre eux.

Comptant sur la complaisance du sieur Vittecoq, le préfet accorda, le 1er février 1864, à la commune de Beaumont, une subvention de 4,000 fr., dont l'emploi fut déterminé par le conseil municipal le 14 du même mois. Le lendemain, un deuxième secours de 2,000 fr. fut alloué. Vittecoq dissimula l'envoi du deuxième mandat, et, sur l'expédition de la délibération du conseil municipal. le chiffre de 6,000 fr., fut substitué, par une surcharge, au chiffre de 4,000 fr. La pièce ainsi altérée fut jointe à deux faux mémoires, dressés par l'entrepreneur Raimbert, s'élevait ensemble à 6,000 fr. pour prétendus travaux exécutés sur un chemin vicinal. Ces mémoires, certifiés exacts par Vittecoq, visés par Janvier lui-même, le 17 février 1864, furent suivis de mandats délivrés sur la caisse du receveur particulier de Bernay. Raimbert toucha, le 20 février, les 6 000 fr. et, comme il lui était dû 1,200 fr. pour travaux antérieurs, il retint un à-compte de 1,000 fr., le reste fut remis à Vittecoq, qui porta les 5,000 fr. au sieur Janvier.

Le même jour 20 février, le préfet de l'Eure annonçait au maire de Bernay l'envoi d'une subvention de 7,000 fr. sur les fonds appartenant aux ouvriers sans travail, et faisait demander à M. Alfred Vy adjoint, de dresser des mémoires simulés pour la totalité de la somme, de retenir seulement 1,000 francs et de lui envoyer le surplus. Cette tentative échoua devant la loyauté des magistrats municipaux. Alors le préfet rapporta son arrêté et voulut qu'on lui renvoyât les mandats ; mais une partie de la somme était déjà employée, et 4,000 francs seulement firent retour aux caisses du département.

La construction de l'asile des aliénés à Navarre-lès-Evreux a donné lieu aux plus regrettables mécomptes. L'entreprise avait été évaluée d'abord à un million (décision ministérielle du 29 juin 1859). Les développements successifs donnés aux travaux, triplèrent les dépenses Le mobilier, dont le prix avait été originairement fixé à 170,000 fr., a dépassé 400,000 fr. de telle sorte qu'un établissement qui, d'après les études préliminaires, ne devait pas coûter 1,100,000 fr. a coûté 3,500,000 fr.

L'opinion publique s'était émue de cette exagération des dépenses ; une double expertise fut ordonnée en 1870 et 1871, et, à la suite d'un examen scrupuleux, les experts ont réduit de 270,829 fr. 91 c. le mémoire du sieur Chérel, entrepreneur. Conformément à leur avis, le conseil général a, dans sa dernière session, autorisé le préfet à poursuivre la restitution d'une partie notable de cette somme, que le sieur Chérel avait déjà touchée indûment, grâce à la complaisance du sieur Bourguignon, architecte, qui n'avait pas vérifié ses mémoires.

Quant à ce dernier, qui avait touché 107,316 fr[1] d'honoraires, il devra reverser au départemen[t] la somme afférente aux émoluments dus pour la vérification qu'il n'a pas faite, soit 34,367 francs 65.

De pareils résultats devaient faire gravement suspecter la probité de l'architecte, du préfet et de l'entrepreneur, surtout lorsqu'on se rappelle que c'est ce même Chérel qui avait consenti, sur la proposition de Bourguignon, à signer, en 1861, de faux mémoires de maçonnerie. Mais les soupçons que l'on pouvait concevoir n'ont pas été éclaircis, les recherches ont dû s'arrêter devant l'obscurité des écritures du sieur Chérel, si défectueuses, si incomplètes qu'elles n'ont pu donner lieu à aucune vérification utile.

L'examen des pièces de dépenses relatives au mobilier, a établi que l'accusé Janvier avait, contrairement aux règles administratives, passé de gré à gré, des marchés s'élevant à plus de 200,000 francs. Dans plusieurs dépêches de 1867 et 1868, M. le ministre de l'intérieur avait rappelé le préfet à l'observation de la loi, en faisant observer que les contrats étaient entachés d'irrégularité, et que les prix des fournitures paraissaient suspects d'exagération. Il avait même refusé formellement d'approuver, en 1866, un marché consenti avec un sieur Huet, marchand de nouveautés à Evreux ; plus tard, il avait encore rejeté une adjudication prononcée au profit de ce même négociant ; adjudication à laquelle il avait été procédé sans la publicité légale. Cette persistance d'un préfet aussi expérimenté que l'accusé Janvier, à éluder les prescriptions édictées dans l'intérêt des départements, ne pouvait s'expliquer que par une intention criminelle. En effet, M. Lebarbier, économe de l'Hospice-Général de Rouen, expert commis par la justice, découvrit la combinaison employée pour fausser la comptabilité administrative, et déjouer tout contrôle hiérarchique.

Un sieur Racault, fabricant de meubles à Paris, avait fait, pour l'asile départemental de l'Eure, deux livraisons importantes, la première en 1866, de 108 183 fr. 16, en vertu d'un marché de gré à gré, la seconde, en 1868, de 95,497 fr., aux termes d'une adjudication du 20 février de la même année. L'expert constata que sur la première livraison, les prix accordés à Racault, avaient dépassé ceux du commerce de 20,107 fr. 56 c., et sur la seconde, de 13,994 fr. : ensemble, 34,101 fr. 56 c. Mais la majoration de 20,107 fr. 56 c. était d'autant plus incompréhensible, que le total du 1er mémoire était supérieur de 11,017 fr. 70 c. au total du devis. On interpella le sieur Collin, successeur de Racault et son associé ; il déclara qu'il avait fourni à l'accusé Janvier, en 1866, un ameublement de chambre à coucher du prix de 18,428 fr., et que, sur la demande du préfet, il avait consenti à reporter 10,810 fr. sur le montant de la livraison faite à l'asile des aliénés. Le procédé avait pour but de dissimuler au conseil général une dépense qu'il eût trouvé excessive C'est l'accusé Bourguignon qui, sur l'ordre du préfet, a fourni à Collin les indications nécessaires pour surélever son mémoire. En effet, sur une feuille contenant des notes de ces deux accusés, on lit les mots suivants de l'écriture du préfet : « M'envoyer à signer. Avez-vous modifié les prix avec M. Racault ? » Et de l'écriture de Bourguignon : « Oui, selon votre désir »

On a remarqué plus haut que, suivant l'expert, la majoration des prix de l'adjudication du 20 février 1868 était de 13,994 fr. M Lebarbier explique ce bénéfice anormal par l'absence d'une concurrence suffisante. Pour éloigner les soumissionnaires et favoriser Racault, le préfet avait composé les lots d'adjudication de telle sorte que ce commerçant pou-

vait seul, à raison de la nature de ses affaires, se
charger de la fourniture : ainsi, la série des objets à
livrer comprenait tout à la fois des lits en fer avec
leurs accessoires et tout le linge, de manière que la
nomenclature affichée excluait et les marchands
de toile de la région et les fabricants de literie de
Paris.

L'expert avait, en outre, constaté que le sieur
Huet, marchand de nouveautés à Evreux, avait réalisé un bénéfice de 12.528 fr. 18 c. excédant les
prix courants du commerce, sur une livraison de
vêtements de femme faite en vertu de l'adjudication
du 17 avril 1868 ; comme le sieur Bacault, Huet
avait été favorisé au détriment des intéêts du département. Ces combinaisons par lesquelles cette
faveur lui a été assurée apparaissent non moins clai-
rement.

L'accusé Janvier avait passé, en 1866, avec Huet,
un marché de gré à gré moyennant 63,000 fr. pour
la fourniture de vêtements de femme. Les effets étaient
livrables au mois de juillet 1868, et, dès le mois de
janvier, précédent, Huet en avait fait confectionner
une partie. Mais le ministre refusa son approbation
au marché et prescrivit une adjudication publique,
qui, aux termes de l'article 74 du réglement de 1862,
ne pouvait avoir lieu qu'un mois après la première
publication. Cette adjudication fut annoncée le 1er
avril, et, dès le 17 du même mois, il y fut procédé,
sans respect pour le délai légal. D'un autre côté, le
cahier des charges imposait au soumissionnaire l'o-
bligation de fournir avant le 15 mai suivant, c'est-à-
dire moins de 28 jours après, 600 robes, 600 jupes
d'été, 25 chemises de femmes pour les gardiennes,
150 gilets de santé. Cette clause eût été inacceptable
pour tout autre que Huet, qui déjà était prêt à livrer
la plus grande partie des fournitures. Aussi aucun
autre adjudicataire ne put se présenter et les conditions de sa soumission furent celles même du traité
de gré à gré que le ministre avait rejetées comme
onéreuses pour le département. Aussi, dans une
dépêche du 10 octobre 1868, M. Tourangin, préfet
de l'Eure, écrivait au ministre de l'intérieur : « Le
« délai accordé pour opérer la livraison des fourni-
« tures rendait à peu près impossible l'intervention
« d'un concurrent. » Mais on était en présence du
fait acquis, et le ministre, après un premier refus,
après de nombreuses hésitations, consentit, bien qu'à
regret, à couvrir de son approbation un acte irrégulier.

L'examen de la correspondance échangée entre le
préfet et le ministre de l'intérieur démontre que l'accusé Janvier, dans un but facile à comprendre, avait
allégué mensongèrement certains faits de nature à
tromper son supérieur à l'occasion de contrats frauduleux qu'il avait passés. Ainsi, le 20 février 1867,
il affirmait qu'il avait « obtenu par des marchés de
« gré à gré des prix inférieurs à ceux des hospices
« de Paris. » Le 15 mars 1869, il écrivait que « le
« prix de ses marchés était au-dessous de la moyenne;
« que des commerçants d'Evreux lui avaient fait des
« concessions qu'il n'aurait pas obtenues autre part. »
Toutes ces dépêches constituent des faux en écriture
publique auxquels Bourguignon s'est associé en pré-
parant les éléments de rapport sciemment inexacts.

En résumé, l'instruction criminelle, qui n'a porté
que sur quelques points d'une administration de
douze années, montre l'accusé Janvier exerçant sur
le département de l'Eure la plus funeste influence.
Partout il a semé la démoralisation. Comme homme,
il a donné l'exemple de la débauche la plus scanda-
leuse ; comme administrateur, il s'est fait un jeu des
règles protectrices des intérêts publics. Il a falsifié les
écritures, corrompu ses subordonnés, dilapidé les
deniers publics et employé à payer ses désordres des
fonds que leur destination devait rendre sacrés. Tel

a été le passé de cet homme, qui, doué d'une intelligence remarquable, eût servi le pays avec distinction,
si, à d'heureuses qualités, il avait su joindre le respect de soi-même, de sa situation, et avant tout,
les sentiments de moralité et de ferme probité, sans
lesquels le fonctionnaire reste indigne et de l'estime
de ses administrés et de la confiance de l'Etat.

Encouragés par son exemple, cédant à sa déplorable influence, les autres accusés ont également abu-
sé de leur position pour altérer la sincérité des pièces
destinées à constater l'emploi régulier des deniers
publics, cherchant, par cette connivence, à obtenir
sa bienveillance, quand ils ne trouvaient pas un bénéfice personnel dans les fraudes auxquelles ils s'as-
sociaient.

Les deux lectures commencées à onze heures
sont à peine terminées à une heure un quart.

Pendant ce temps la partie de l'auditoire ré-
servée au public s'est peu à peu remplie, les
bancs réservés aux membres du barreau, aux
témoins et à MM. les jurés de la session sont
complétement garnis. Nous constatons avec
plaisir qu'il n'y a pas une seule dame dans l'auditoire.

Les places réservées derrière la Cour sont
restées vides.

M. LE PRÉSIDENT. — Accusé, vous allez entendre les charges qui seront portées contre vous ;
nous allons procéder à l'appel des témoins. Mais
avant, je dois vous avertir, accusé Janvier, que
deux des faits relevés contre vous et compris
dans l'arrêt de renvoi, n'ont pas été mentionnés
dans la demande d'extradition adressée au gouvernement suisse par le gouvernement français.
Il ne sera pas question de ces deux faits dans
votre interrogatoire.

L'accusé JANVIER. — Oh ! je suis prêt à répondre sur tous les points.

Me LACHAUD. — On nous jugera sur tous les
faits compris dans l'accusation.

M. LE PRÉSIDENT. — La loi me faisait un devoir
de consulter l'accusé. Vous prenez des conclusions tendant à être jugé sur ces deux faits ?

Me LACHAUD. — Sans doute, monsieur le président, il faut le consentement de l'accusé et
nous l'accordons dans la plus large mesure. Je
vais rédiger des conclusions.

M. LE PRÉSIDENT. — Acte de votre consentement.

Un de MM. les jurés demande que l'audience
soit suspendue pendant quelques minutes.

M. LE PRÉSIDENT. — M. le procureur général,
vous avez l'intention de faire un exposé de l'affaire.

M. LE PROCUREUR GÉNÉRAL. — Je le crois nécessaire.

M. LE PRÉSIDENT. — Eh bien ! nous allons sus-
pendre l'audience pour un quart d'heure seulement avant de procéder à l'appel des témoins.
Puis aura lieu une suspension plus longue après
l'exposé de M. le procureur général.

L'audience, suspendue à une heure trois quarts
est reprise à deux heures cinq minutes.

Me LACHAUD donne lecture de ses conclusions,
dans lesquelles il demande acte à la Cour de ce
que l'accusé consent à être jugé sur tous les
faits compris dans l'arrêt de la chambre des

mises en accusation, renonçant à ce prévaloir de ce que deux de ces faits n'ont pas été visés dans le mandat d'arrêt accompagnant la demande d'extradition.

M. LE PRÉSIDENT.—Je vous ai déjà donner acte ; la Cour admet vos conclusions.

La parole de M. le procureur général pour exposer l'affaire.

M. le procureur général IZOARD s'attache à expliquer à MM. les jurés le mécanisme de la comptabilité administrative et les conditions tout à fait exceptionnelles dans lesquelles, à l'occasion de la crise cotonnière, l'ex-préfet de l'Eure a eu le maniement de sommes considérables.

L'organe du ministère public énumère les formalités nombreuses par lesquelles passe un mémoire avant d'être approuvé et payé par la caisse publique et le double Contrôle dont ce paiement est ensuite l'objet de la part de la commission des comptes au Conseil général, puis de la Cour des comptes, et ce n'est que par suite d'altérations et de falsifications des pièces produites que la fraude est possible.

Enfin, M. le procureur général divise les faits par séries, et se borne pour le moment à indiquer à quelles questions chacun d'eux se rattache et dans quel chef d'accusation il doit être compris ; après en avoir déterminé le caractère, il s'en rapporte à la conscience des jurés pour en fixer la culpabilité.

Il est procédé à l'appel des témoins qui sont au nombre de cent cinquante-huit, dont un grand nombre ne viendront qu'au cours des débats.

Il est trois heures quarante minutes l'audience est suspendue et reprise à quatre heures.

INTERROGATOIRE DE L'ACCUSÉ JANVIER DE LA MOTTE.

D. A quelle époque êtes-vous entré dans l'administration ? — R. En 1847, comme sous-préfet. Je suis arrivé à Dieppe en 1849.

D. Après votre mariage. Ensuite vous êtes allé à St-Etienne ? — R. Oui M. le président, puis à Mantes, puis dans l'Eure.

D. Il est inutile de vous suivre dans votre carrière administrative ; c'est ici que se fixent les faits relevés contre vous. Il y a un premier ordre de faits relatifs aux faux visas de vos agents et de faux mandats délivrés par vous. L'accusation prétend que vous y êtes arrivé par suite d'embarras personnels ? — R. J'ai eu des embarras personnels, mais jamais au point de puiser dans la caisse publique. Mes dettes prouvent même que je n'avais pas besoin de puiser dans la caisse municipale. Je prétends même que j'ai dépensé plus de 600,000 fr. au profit de l'administration départementale.

D. Vous vous êtes marié en 1848. Quelle était votre situation ? — R. J'avais 100,000 fr. de dot, J'étais à la préfecture de l'Eure; de troisième classe. J'avais 20.000 fr. de traitement, plus 1,000 du fonds d'abonnement.

D. Votre situation était très-compromise, à cette époque, au point de vue financière ? — R. On s'est aperçu que je devais 4 ou 500,000 fr. Ma famille et celle de ma femme ont tout payé jusqu'aux plus petites sommes.

D. De là, le ministère public conclut à des dépenses considérables qui ne sont pas arrêtées à cette liquidation ? — R. Elles se sont arrêtées, et j'ai même eu besoin d'emprunter pour faire face aux avances du concours régional.

D. Enfin, après cette liquidation, ces dépenses s'expliquent par une vie dissipée ; je passe sous silence beaucoup de circonstances. — R. J'avoue que, dans ma vie, j'ai commis des légèretés, et je les expie bien cruellement, outre que je les regrette profondément ; mais je suis à des crimes, il y a une distance que je n'ai jamais franchi et que je ne franchirai jamais. Du reste, j'ai conservé dans le département de l'Eure des amitiés bien précieuses.

D. Oui, vous avez beaucoup de sympathies autour de vous, et cela fait l'éloge de votre caractère ; mais vous étiez homme public et vous donniez un spectacle fâcheux aux populations dont vous étiez l'administrateur.— R. Les populations, monsieur le président, m'ont conservé leur sympathie, et elles m'en ont donné des preuves même postérieurement après mon départ du département de l'Eure, quoique j'eusse été violemment attaqué et calomnié par les journaux d'alors. Les attaques de M. Deschamps...

D. M. Deschamps ne vous accusait pas de détournement, il vous demandait des comptes, et à cette époque vous ne les avez pas rendus ? — R. Mais soupçonner la régularité de mes comptes c'est attaquer ma probité.

D. C'est une erreur ; on ne met pas en suspicion les intentions d'un homme parce qu'on lui demande des comptes ? — R. Oh ! c'était plus qu'une simple demande de reddition de comptes.

D. En 1859, vous avez fait faire à un nommé Boulanger, maître peintre, des mémoires fictifs et en lui donnant le moyen d'aller les toucher à la recette générale, vous avez payé avec les fonds du département votre dette personnelle. — R. Ce n'était pas une dette personnelle, mais une dette contractée pour les besoins du département Quand j'arrivai dans l'Eure, le conseil général venait de décider la construction des archives. Le terrain était mal choisi, et sur mes observations le conseil général décida l'achat de maisons à démolir, les constructions commencèrent.

D. Sur un devis ? — R. Oui, monsieur le président, sur un devis s'élevant à 105,000 fr., et qui ne fut dépassé que de 3,000 fr. mais il y avait les constructions à faire sur le terrain de la préfecture.

D. En somme de combien le crédit a-t-il dépassé ? — R. De 150,000 fr. environ.

D. C'était bien le cas d'attendre et de vous adresser au conseil général ? — R. Le budget ne le permettait pas, et on me pressait d'achever ces constructions.

D. Qui, on ? — R. Le conseil général lui-même. Il fallait faire vite. Je fis donc de mes deniers les travaux de la préfecture, s'élevant de 12 à 15.000 fr. Je n'avais pas d'argent et je chargeai, je crois mon chef de division, M. Halbout, de demander le prix de 4,000 fr. à M

Boulanger, qui faisait ordinairement les travaux de la préfecture ; c'est M. Halbout qui lui dit : « Mais au lieu de 4,000 fr., vous feriez mieux de donner tout de suite 15,000 fr. à M. Janvier, car il a dépensé au moins cela. J'ai reçu du conseil général, décharge pour cette exécution des travaux.

D. Enfin, selon votre prétention, cet argent a été dépensé à la Préfecture ? — R. Dans les bâtiments, dans les jardins, non pas pour mon agrément personnel, mais pour celui des habitants.

D. Eh bien, qui a exécuter des travaux ? — R. Tous les ouvriers que j'ai pu rencontrer.

D. Pourquoi ne leur avoir pas fait faire des mémoires ? car, enfin, vous agissez toujours ainsi ; vous faites ces travaux sans que le Conseil général eût voté les fonds. On vous le reprochera toujours. et vous disiez : je fais cela avec ma bourse ! et votre bourse était souvent vide ? — R. C'est vrai, quelquefois, mais je parvenais facilement à la remplir par des emprunts que j'ai payés plus tard.

D. Que votre famille payait plus tard ? — R. Mais, monsieur le président, il y a même des membres du conseil général, entre autres M. Guillaume Petit. qui m'ont aidé dans mes projets et dans mes charités. Ce que je tiens à établir, c'est que le conseil général a parfaitement connu et a approuvé les travaux. S'il fallait toujours attendre pour les travaux urgents, comme les chemins vicinaux, par exemple, les populations seraient les premières à en souffrir, et il arrive très-souvent que l'on commence les travaux et on demande de l'argent après.

D. C'est une théorie bien séduisante et bien dangereuse aussi. Je doute qu'il y ait en France un conseil général qui voulût vous suivre sur ce terrain. Vous vouliez, si vous dépassiez vos crédits, que le conseil général soit forcé d'approuver votre dépense, qu'il n'a pas votée. C'est, du reste, ce qui se fait pour les ponts, pour les chemins de fer, pour les travaux de communes.

R. Pour en revenir aux archives, j'avais les fonds assurés ; j'ai avancé 15,000 fr., et j'ai demandé au Conseil général d'approuver ces travaux et d'en reporter le paiement à l'exercice suivant. Il n'y a pas eu faux mandat, car c'est bien M. Boulanger qui avait donné les 15,000 francs, c'était bien lui qui devait les recevoir, et c'était bien à lui que je devais remettre le mandat.

D. Restons ici dans le système légal. Nous n'avons pas autre chose à voir. Le département a payé les intérêts qu'il n'aurait pas eu à payer si le crédit eût été voté. — R. Il arrive souvent que quand l'exercice est insuffisant pour payer les travaux votés que le département a des intérêts à payer.

D. Au surplus, le fait est prescrit et n'est pas soumis au jury. — R. Mais je voudrais bien ne pas m'abriter derrière la prescription.

D. J'arrive à ce fait qui a une grave importance : le détournement commis d'une somme considérable au préjudice des ouvriers cotonniers. — R. Le total de ces sommes m'a été donné pour le distribuer comme je l'entendrais. En recevant le premier bon, j'ai envoyé M. Halbout demander à la recette générale quelles formalités j'avais à remplir pour toucher ces sommes et en disposer ; il me fut répondu que je les toucherais sur une simple quittance, et que j'étais maître absolu de leur emploi. J'ai dû penser dès lors qu'on avait confiance en moi.

D. Permettez, aux yeux de la loi, aux yeux de tous, il n'y a pas un fonctionnaire qui ne soit honnête, on a confiance en lui, mais nul fonctionnaire n'est dispensé de rendre des comptes ? — R. Ces sommes touchées sur ma simple quittance, sans formalité imposée, je les ai emportées lors de mes tournées dans le département. Je n'ai jamais pensé à demander un reçu ; ainsi je puis citer un honorable maire, M. Pouyer-Quertier, à qui je n'ai pas demandé de reçu pour les fonds que je lui ai remis.

D. Nous l'entendrons — R. Le ministère des finances m'a demandé des justifications en 1864. Je les lui ai envoyés en novembre ; elles ont sans doute paru suffisantes puisque la Cour des comptes a approuvé ma gestion en donnant un quitus au receveur général pour les sommes qu'il m'avait remises.

Pour les 10,000 fr. donnés par l'empereur, ce ne sont pas les fonds de l'État, ce sont les fonds d'un particulier, et l'empereur n'a pas cessé de me donner des témoignages de sa confiance depuis 1865.

L'interrogatoire de M. Janvier de la Motte continue.

L'accusé explique qu'il n'avait à rendre compte des 147.000 fr. reçus du ministère de l'intérieur qu'au ministère des finances. Or, quand on lui a demandé compte du total. il a d'abord signalé au conseil général les erreurs matérielles qui existaient dans les chiffres de cette réclamation ; puis il lui a rendu compte de la dernière partie de la souscription. Une somme de 8,000 francs lui fut remise par l'honorable M. Pouyer-Quertier.

D. Vous n'êtes pas accusé du détournement de cette somme ; d'ailleurs, M. Pouyer-Quertier sera entendu. — R. Eh bien ! ces comptes, le conseil général les a examinés pendant huit jours ; et cependant j'avais, comme l'a dit tout à l'heure M. le président, des adversaires qui n'auraient pas été fâchés de trouver quelque irrégularité dans l'emploi, non pas qu'ils entendissent soupçonner ma probité comme homme, cependant ..

D. On ne soupçonne pas un préfet d'improbité ; on examine ses comptes ? — R. Pardon, monsieur le président, on a soupçonné le préfet de l'Eure, sans cela on n'aurait pas été solliciter les renseignements que l'on a demandés pour les dépenses du pont d'Andé.

D. Enfin, il résulte de ce que vous m'avez répondu que cette vérification faite au conseil général n'a pas porté sur le tout ? — R. Je ne l'ai jamais prétendu. J'ai rendu compte au conseil général de la partie qui le concernait, et j'avais rendu compte au ministère des finances, à l'autorité compétente, des sommes reçues du ministère de l'intérieur.

D. Comment expliquez-vous donc que le ministre vous ait, en dernier lieu, déclaré reliquataire ? — R. Mais je ne me l'explique pas, monsieur le président. Et comment se fait-il, si je suis reliquataire de 147,000 fr., qu'on ne me demande justification que de 49,000 fr. ? Je ne trouve pas cela logique.

D. Mais quand il ne s'agirait que des 49,000 fr., vous n'en seriez pas moins reliquataire ? — R. Si les bureaux du ministère de l'intérieur n'ont pu trouver une première justification de 98,000 fr., ils ont bien pu ne pas en trouver une seconde de 50,000 fr. Je me demande, en outre, pourquoi dans les 213,000 fr. réclamés, on comprend les 66,000 fr. dont j'ai rendu compte devant le conseil général !

D. Mais le ministre n'a peut-être pas trouvé vos explications devant le conseil général suffisantes ? — R. Monsieur le président, il y a de cela huit ans. Comment se fait-il que c'est le 2 janvier dernier seulement que l'on me réclame ces sommes ? M. Pinard, le ministre qui m'a destitué, devait m'adresser cette réclamation.

D. Vous oubliez que cette réclamation a été faite en octobre 1867 à M. Tourangin, votre successeur dans le département de l'Eure, et vous connaissez la réponse de M. Tourangin ? — R. Je ne m'explique pas cette réponse. Je n'ai pas revu M. Tourangin ; une seule fois il m'a écrit et m'a envoyé copie de la réclamation du ministère de l'intérieur. C'est alors que j'ai fait des recherches et que j'ai envoyé la justification des derniers 49,000 fr. Comment la Cour des comptes, qui me demande des justifications pour ces 49,000 fr., ne m'en demande-t-elle pas sur les 98,000 fr ?

M. le procureur général. — Parce que ces 49,000 fr. s'appliquaient aux versements de la Caisse des dépôts et consignations.

D. En 1850, lors du passage de l'empereur à Evreux, certains faux mémoires se sont produits, les mémoires Siquot, Lavollée, etc. — R. Il ne fut décidé que huit jours avant l'arrivée de l'empereur qu'il s'arrêterait à Evreux. Il n'y avait pas un seul crédit ouvert pour cette fête imprévue. Il fallait payer cependant. J'avais fait venir à Evreux environ 10,000 hommes, maires, adjoints, conseillers municipaux, pompiers, etc. Eh bien, tout a été payé immédiatement. Je parle des fournitures que nous ne pouvions pas faire attendre comme nous avions fait attendre les chemins de fer.

Ce n'est pas moi, ce sont mes employés, notamment mon chef de division, M. Halbout, qui est allé en ville demander à certaines personnes l'avance de sommes d'argent pour lesquelles je m'engageais personnellement. C'est M. Halbout qui leur a dit, quand elles hésitaient à les prêter : « Ne craignez rien. Si le préfet s'en allait, vous seriez néanmoins payées, car il s'agit d'une dépense départementale. » Je suis arrivé à payer ainsi 20,000 fr sur l'exercice de 1858. Le conseil général a approuvé les dépenses qui ont été reportées sur trois exercices successifs ; il n'a donc pas trouvé les dépenses exagérées.

D. Si vous aviez eu des fournisseurs au lieu de prêteurs, le département n'aurait pas eu d'intérêts à payer ? — R. Mais un département, comme l'Etat, paie des intérêts quand il lui faut emprunter.

D. Vous vous substituez toujours à la volonté du conseil général. Maintenant, savait-il, oui ou non, que les mémoires étaient fictifs quand il les a approuvés ? — R. Il ne pouvait pas l'ignorer.

D. Vous savez pourtant que tous les membres du conseil général ont déclaré qu'ils l'ignoraient ? — R. Ils savaient bien pourtant qu'il n'y avait pas un sou de voté pour faire face aux 55,000 fr. de dépense. Moi-même j'ignorais si 21,000 fr. avaient été empruntés à Mme Verdière, à M. Lefort et à M. Simon ou à d'autres. Je ne pouvais pas tout faire par moi-même.

D. Enfin, c'est une dette personnelle que vous avez payée ainsi ? — R. Comment ! personnelle ?

D. Sans doute, puisque vous ne donnez de ces dépenses aucune autre justification que vos allégations.

Maintenant vous avez à répondre au ministère public de cette confusion d'une dette à vous personnelle payée à Lavollée dit Poignant, par le département, cette dette ayant été comprise dans un mémoire produit à la préfecture ? — R. Je n'ai jamais donné l'ordre de porter ces dépenses dans les mémoires du département. J'ai toujours ignoré ce fait. Il faut vous rappeler que j'étais seul à la préfecture et que je ne pouvais m'occuper de ma maison. J'en laissais le soin à un homme de confiance, M. Chevallier.

Du reste, les sommes sont tellement minimes que mon intérêt ne se comprendrait pas. Ensuite, je fais observer que les illuminations dont il est ici question, les verres de couleur destinés au jardin de la préfecture, que l'expert a mis à ma charge, à la fête du 15 août, peuvent très-bien être considérées comme constituant une dépense pour un service public. Ce n'est pas pour mon agrément personnel que j'illuminais ; c'était pour toute la population, riche ou pauvre, à laquelle le jardin de la préfecture était ouvert.

L'accusé s'explique ensuite sur les quatre mémoires relatifs à Chardet.

Ce dernier avait écrit au préfet que, si l'on ne pouvait lui payer dans un délai très court, les 4 000 fr. qui lui étaient dus pour des travaux exécutés aux jardins de la préfecture, il allait être déclaré en faillite. Aucun crédit n'existait encore pour payer Chardet, et pour sauver cet homme, il a fallu lui attribuer les fonds affectés à une autre section, à la section des travaux de bâtiments.

— Je crois, dans cette occasion, dit l'accusé, avoir fait une bonne action.

D. N'allez pas si loin ! c'est toujours une irrégularité administrative. Et pourquoi ne pas faire les mémoires sous le nom de Chardet ? — R. C'était impossible puisqu'on devait les payer sur les fonds affectés aux bâtiments ; il fallait un mémoire de maçon.

D. C'était un faux nom ? — R. Non, M. le président.

D. Enfin c'était de la fantaisie ? — R. Non, c'était de la charité.

D. En tout cas, de la charité en dehors de toute règle administrative. Expliquez-vous maintenant sur la subvention accordée à la commune de Beaumont-le Roger. Pourquoi mandatez-vous à la commune des fonds qu'elle vous renvoie ? — **R.** Si l'on prend les choses strictement, ce ne sont pas les mêmes fonds.

D. Il y a un fait analogue ; la municipalité de Bernay s'est montrée plus exigeante et elle a refusé de se prêter à cette manœuvre ? — **R.** Mes souvenirs sont confus à cet égard. La commune de Bernay demandait certaines facilités que j'avais refusées. Du reste, tant que le maire et l'adjoint sont restés à la tête de la commune, postérieurement aux faits qui sont signalés, je suis resté avec eux dans les meilleurs termes.

D. Vous les entendrez ; ils ont déclaré, au contraire, que depuis leur refus, vous n'aviez plus à leur égard le même bon vouloir qu'auparavant ? — **R.** S'ils ont fait cette déclaration, cela m'étonne.

D. Et les dépenses du pont d'Andé ? — Il n'y avait absolument rien de voté pour cette fête ; j'en ai pris toute l'initiative ; c'est moi qui ai tout commandé et j'ai reçu à cet égard les félicitations les plus chaleureuses des membres du conseil général. J'ai chargé M. Boulanger, l'agent-voyer en chef de vérifier et de payer toutes ces dépenses ; et jamais je n'aurais pu mieux choisir, son intelligence et sa loyauté sont connues de tout le monde.

D. Évitez donc de donner ainsi des certificats à vos co-accusés ? — **R.** Je ne puis pourtant me défendre de donner mon opinion sur les gens que je connais.

D. Très-bien ; mais d'accusé à accusé, cela devient sans portée. — **R.** Eh bien ! je termine mon explication en disant que, depuis la fête, je me suis si peu occupé de cette affaire que j'ignorais que tout ne fût pas payé ; c'est de bonne foi que j'ai répondu à un membre du conseil général qui m'adressait cette question, que tout avait été payé.

D. Et c'est cinq ans après que le banquet donné à cette fête a été compris dans le mémoire du banquet donné au concours régional d'Evreux ? — **R.** C'est deux ans après.

D Du reste, votre co-accusé Boulanger pourra donner sur ces dépenses des détails plus complets puisqu'il a été chargé de tout régler. Arrivons à vos rapports avec votre co-accusé Vittecoq. Avez-vous quelques explications à donner ? — **R.** C'est en 1858 que M. Vittecoq a été nommé maire de Beaumont-le-Roger. C'était un homme qui montrait une grande passion pour le bien de son pays. Continuellement, il me demandait de l'argent pour donner des secours, soit à des individus, soit à la commune ; et c'est dans des dons de ce genre, pour le dire en passant, que j'ai dépensé la plus grande partie des 600,000 fr. que j'ai sacrifiés dans l'intérêt du département.

J'avais dit à M. Vittecoq : « Vous me rembourserez l'argent que je vous donne en faisant voter par votre conseil municipal des ressources pour payer les travaux qui ont été exécutés. »

C'était convenu. M. Vittecoq avait, à cet égard, rendu des comptes à son conseil municipal. Mais quand un nouveau conseil lui en demanda de nouveaux et quand les réclamations du ministère de l'intérieur me parvinrent, j'envoyai les justifications nécessaires.

Je reconnais qu'il y a peut-être là une irrégularité et que la commune de Beaumont-le-Roger a payé seule des dépenses qui devaient être payées peut-être par plusieurs communes ; mais je ne pouvais savoir au juste quel avait été l'emploi de l'argent que j'avais remis à M. Vittecoq.

D. Quel était le contenu de la caisse du concours régional ? — **R.** 90,000 fr. votés par le conseil général en plusieurs sessions.

D. Où ces fonds étaient-ils déposés ? — **R.** Dans la caisse municipale.

D. La caisse municipale a-t-elle eu toujours de l'argent ? — **R.** Pas toujours, monsieur le président, ainsi, pour commencer les travaux j'avais seulement dans le budget départemental une somme de 30,000 fr. sur laquelle j'avais dû verser dans la caisse municipale 10,000 fr., de sorte qu'il ne me restait que 20,000 fr. net. Les dépenses à faire en vue de la présence de l'empereur dépassaient de beaucoup ces faibles ressources, et je jugeai prudent de garder en caisse ces 20,000 francs pour les primes à distribuer.

Je ne savais pas ce que les communes et la ville d'Evreux elle-même voteraient. Je n'ai pas hésité à prodiguer mon argent, j'ai donné des secours à des gens pour les décider à venir ; j'ai encouragé tout le monde, j'ai fait des voyages pour acheter, en Belgique et à Paris des fleurs que j'ai dû payer de mes deniers. Il ne pouvait être question de payer en mandats en dehors du département.

D. Cependant il y a des fournisseurs de Paris qui recevaient fort bien des mandats ; vous savez à quel fait je fais allusion. M. Mézard recevait des mandats ? — **R.** M. Mézard, M. le président, avait reçu bien des services de moi, des services de toute nature, des sacrifices d'argent ! Si M. Mézard a entendu sortir de ma bouche cet ordre de confondre avec le mémoire des dépenses du département, ces 89 fr. que je lui devais personnellement, je serai bien étonné ! Quand le mémoire est arrivé, j'avais payé de mes deniers personnels tant d'autres dépenses, que je ne me suis pas aperçu de cette confusion.

D. Et Monnier ? — **R.** Ce fait a été signalé au conseil général et même à la justice. Monnier était un loueur de voitures, toujours dans une position gênée, et souvent je lui avais fait des avances. C'est lui que j'employais de préférence dans mes tournées de révision pour lui faire gagner de l'argent. C'est Monnier qui avait fourni les fumiers, qui avait fait les transports des terres, des arbres, et il avait fait exécuter ces travaux par des tâcherons. Il était dans l'embarras pour les payer et il s'adressait à moi. Je lui remettais l'argent en lui recommandant de porter ces sommes sur ses mémoires. Il paraît qu'il n'a pas porté sur ses livres de commerce toutes les sommes qu'il recevait de ma main.

D. Cet homme est mort, et sa veuve a confirmé sa déclaration ; il n'a rien reçu de vous et n'a fait aucun des travaux que vous indiquez ! Toujours vous payez des sommes de la main à la main, ce qui rend toute justification impossible? — R. C'est peut-être la première fois qu'un administrateur en France s'est trouvé dans cette situation d'avoir à payer des sommes immenses et d'être forcé de les avancer. Je ne parle même pas des fêtes, des bals, des dîners que j'ai donnés à l'occasion du voyage de l'empereur.

D. Eh bien ! ces dépenses même ne concordent pas avec votre situation ; première liquidation de 400,000 fr., c'est votre famille qui paye ; seconde liquidation votre famille paye encore et l'on vous savait si bien oberé que l'on vous prêtait de l'argent à 50 et 60 pour cent. — R. Précisément ce sont ces dettes qui prouvent que je dépensais mon argent pour le département.

Oui, vous avez déjà exposé cette théorie ; vous voulez expliquer par vos dettes même les ressources dont vous prétendez avoir disposé. Expliquez-vous sur vos rapports avec Boussavit. Vous donnez rendez-vous à cet homme à Paris, vous le conduisez au domicile de votre maîtresse. Là, vous lui faites signer des mandats fictifs, et il reçoit, en sus de ce qui lui est dû et pour prix de sa complaisance, une somme de 400 fr. ? — R. C'est M. Boussavit qui me guidait dans mes achats de fleurs à Paris, et je lui faisais remarquer quelles étaient les avances que j'étais obligé de faire. Du reste, il était toujours pressé d'argent.

D. Enfin, comment, puisqu'il ne lui était dû que 2,000 fr., a-t-il signé des mandats de 9,000 francs ? — R. Parce qu'il savait parfaitement que ces dépenses avaient été faites par moi.

D. Et comment savait-il cela, lui, un dessinateur de Paris! — R. C'était un horticulteur-décorateur. Je dois aussi rappeler que lorsque je conclus un premier marché de 1,200 fr. de fleurs, ce fut en présence de M. le maire d'Evreux ; il savait si bien que le mémoire n'était pas exagéré, qu'il l'a payé sans examen ; et que même, un an après, il n'avait encore fait aucune observation, du moins publiquement.

D. Comment avez-vous dit au directeur de théâtre, nommé Simon, que le prix des bijoux offerts aux artistes était compris dans le mandat que vous lui avez fait signer? — R. Il faut tenir compte des circonstances ; en dehors des sujets hors ligne, il y a aussi les pauvres diables qui ont besoin et auxquels j'ai dû donner des gratifications nombreuses. Puis, en outre, il y avait toute cette population qui anime les fêtes, les théâtres infimes, les saltimbanques que j'encourageais, je faisais prendre des billets et j'envoyais à leurs spectacles.

D. Ainsi, la somme dont il s'agit aurait été employée en œuvres de charité ; c'est là le résumé de votre réponse. Mais dites-nous donc comment une somme destinée aux ouvriers cotonniers a pu être affectée aux dépenses du concours régional ? — R. Jamais cela n'est arrivé.

D. Comment ! Et ces secours mandatés aux communes, et qui vous revenaient sous forme de subventions pour le concours régional? — Mais tous les fonds que j'ai mandatés pour secours aux communes ont été employés par elles à leur destination. Seulement, les communes avaient aussi des fonds libres, qu'elles consacraient à ces subventions d'une utilité incontestable pour le département.

D. C'était, par le fait, les mêmes fonds qui vous revenaient ? — R. C'est une erreur, le sacrifice fait par les communes, avait pour elles son utilité, l'existence d'un concours régional était un avantage pour l'agriculture.

D. Expliquez-vous brièvement sur les faits relatifs à l'asile des aliénés. Une seule question est relevée relative au mobilier. Elle se compose d'un faux mémoire de Racault et des faux renseignements transmis au ministère sur les marchés de gré à gré.

Je m'étais, en conséquence, adressé aux meilleures maisons d'Evreux et à un établissement hors ligne du faubourg St-Antoine. J'étais allé à Paris et j'avais visité tous les hôpitaux pour bien me rendre compte des meilleurs modes d'installation et être bien fixé sur le meilleur mode de fournitures des lits.

D. Dans la facture même de Racault est compris en partie le prix de l'ameublement d'une chambre à coucher de la Préfecture ; ce n'était pas votre chambre personnelle cela est certain, mais enfin le conseil général n'eût peut-être pas approuvé cette dépense. Pourquoi ne l'avoir pas soumise ? — R. Quand je me suis marié, le conseil général, par une courtoisie à laquelle je fus très-sensible, songea à renouveler l'ameublement de la chambre à coucher de la Préfecture. Moi-même, je savais que cette amélioration restait en définitive à la préfecture et que si l'empereur et l'impératrice venaient à Evreux, par exemple, ces dépenses de luxe auraient leur emploi. J'entendais bien néanmoins solder de mes deniers la part qui m'était personnelle dans ce mobilier ; mais M. Racault a commencé des poursuites contre moi et alors j'eus à cœur de tout payer à la fois. Il restait alors sur les travaux de l'asile des fonds considérables inoccupés ; je cédai au désir de me débarrasser des réclamations de M. Racault. Si le conseil général avait été en session j'aurais eu sa sanction, j'en suis sûr ! Plus tard je n'ai pu lui demander de régulariser la dépense : je n'étais plus dans l'Eure.

D. Mais, auparavant, pourquoi cette dissimulation avec un conseil aussi bienveillant ? — R. Je ne pouvais le consulter, et je vous répète que j'étais sûr de son approbation. Ainsi l'on a beaucoup parlé du luxe de la préfecture de l'Eure, mais dans d'autres départements, où le centime départemental est loin de rapporter autant, à Marseille, par exemple, la préfecture a coûté 12 millions, dans le Gard, 4,500,000 fr. ; dans le Morbihan, département bien pauvre cependant, il a été dépensé 1,400,000 fr.

D. Oui. Il y a eu en effet beaucoup d'exagérations dans toutes ces constructions.

Il est six heures quarante minutes, l'audience est levée et renvoyée à demain mardi, dix heures précises.

Audience du 27 Février 1872

L'audience est ouverte à dix heures un quart, M. le président. — Accusé, de l'interrogatoire subi hier par votre coaccusé, il résulte que vous reconnaissez tous les faits matériels. C'est le jury qui appréciera si ces faits constituent des crimes ou des irrégularités.

INTERROGATOIRE DE L'ACCUSÉ BOURGUIGNON.

D. Depuis combien de temps êtes-vous architecte ? — R. Depuis 1831. J'ai eu d'abord 600fr d'appointements puis j'ai été porté à 2.400 fr.

D. Vous aviez 5 pour cent sur les mémoires soumis à votre vérification ? — R. Oui, monsieur.

D. Cette allocation était contraire, je crois, à un arrêté de M. Passy, préfet de l'Eure ? — R. Oui, mais c'est M. Passy qui, en 1853, a dérogé lui-même à son arrêté et plus tard les préfets, ses successeurs ne m'ont jamais fait d'objection à cet égard.

D Vous avez à répondre à trois ordres de fait. d'abord les treize mémoires d'illumination, vous auriez compris les dépenses personnelles du préfet, dans celles du département et touché des honoraires sur l'ensemble de vos visa. Il y avait là, d'abord un faux. puisque vous avez vérifié comme exacts des mémoires qui ne l'étaient pas et une concussion, puisque vous touchiez des honoraires qui ne vous étaient pas dus ? — R. Il est assez difficile pour les architectes de faire ces distinctions. Comment l'a-t on faite dans l'accusation ; c'est difficile à comprendre.

D. L'expert s'expliquera sur ce point là; mais il y aurait eu dans ces dépenses des dépenses tout à fait personnelles au préfet? — R. Il est possible que j'aie fait cette confusion sur des dépenses très-minimes.

D. Qu'avez vous à dire sur ce faux mandat au nom de Chérel, avec lequel on a payé Chardet ; qui a donné l'idée de cette combinaison ? — R. Il s'agissait de travaux à la préfecture, à la Cour d'assises, au Tribunal, et comme M. Chérel était chargé de ces travaux....

D Mais ce n'est pas répondre ; avez-vous eu l'initiative en cette circonstance ou suivi les indications préfectorales ? — R. Jamais M. le préfet ne m'en a parlé ; c'est le chef de la comptabilité.

D. Le chef de la comptabilité reçoit ses inspirations du préfet ; il y a donc contradiction entre vos réponses et les explications du principal accusé, qui prétend avoir laissé faire. Maintenant, vous êtes actionné pour ces dépenses ? — Je n'en sais rien.

D Ce n'est pas sérieux. Passons. Le préfet ayant fait faire une chambre luxueuse à la préfecture, et, d'accord avec le préfet, qui ne voulait pas faire connaître cette dépense au conseil général, vous avez porté cette dépense sur celles de l'asile des Aliénés. — R. Oui, c'est d'accord avec M. le préfet.

D. C'est évident, puisque dans cette note il vous demandait si vous aviez réduit ces prix dans ce sens avec Racault et vous lui répondiez : « Oui. » Pourquoi cette fraude ; les crédits ont des destinations spéciales qu'il n'appartient à personne de modifier. — R. Le département n'a pas plus payé pour cela.

D. Le conseil général aurait pu refuser cette dépense. On ne donne pas ainsi des certificats destinés à tromper le conseil général et la religion du ministre. — R. La dépense n'a pas été augmentée.

D. C'est une erreur ; le ministère a trouvé très onéreux les marchés passés pour l'asile des aliénés ; on lui a répondu que les prix étaient ceux des hospices de Paris, ce qui était inexact, cela a été affirmé avec votre approbation et vous saviez bien que cela était inexact.

L'accusé Janvier. — M. le président a dit que le conseil général n'aurait pas voté la dépense du mémoire Racault ; je vous ai dit hier que j'avais l'approbation verbale du conseil général. Je vous ai expliqué que j'ai voulu, en présence des poursuites de M Racault, solder l'ensemble de ces mémoires sans distinction.

INTERROGATOIRE DE L'ACCUSÉ BOULANGER.

D Depuis quelle époque étiez-vous agent-voyer en chef ? — R. Depuis 1837 ; j'avais d'abord, en 1834, un traitement s'élevant à 4.600 fr. ; ce traitement a été porté à 6,000 fr. en 1855, plus 1,600 fr. de frais de voyage.

D. Aviez-vous des dépenses de maison ? — R. Mes dépenses de famille. De plus j'étais obligé d'avoir un cheval et une voiture.

D. Il résulte de renseignements sur lesquels je ne veux pas insister que vous aviez des dépenses autres que celles de votre maison ? — R. C'est inexact. Du reste, ce sont des allusions dont je ne comprends pas le sens.

D. Selon ces renseignements, vous auriez eu, en dehors de votre maison, des relations avec une personne, demeurant à Evreux, et de cette liaison serait né un enfant adultérin ? — R. C'est inexact en tous points.

D. Expliquez-vous sur les dépenses des fêtes du pont d'Andé. — R. Comme il n'y avait pas de crédit spécial, et que les dépenses étaient faites, les créanciers demandant le paiement, j'ai dû payer sur les fonds des chemins vicinaux.

D. J'ai payé !... j'ai payé ! Voilà un agent-voyer qui paie des dépenses de fêtes publiques avec de faux travaux de voirie ; c'est un moyen d'empêcher tout contrôle. Les travaux sont complétement fictifs. A qui les fournisseurs s'adressaient-ils ? — R. Au préfet qui me renvoyait les notes. Les dépenses étaient faites, le conseil général et toutes les députations avaient assisté à cette fête ; il fallait payer, et je n'ai pas cru mal faire en payant sur les chemins vicinaux.

D. Mais, vous n'en aviez pas le droit. Jusqu'ici, on ne nous avait parlé que de dépenses imprévues ; mais ici, c'est une fête que l'on organise et dont on ne soumet pas les dépenses au conseil général, on paie avec de fausses régies ? — R. Une partie de ces dépenses a été payée par des mandats directs.

D. Une partie, oui. Vous vous expliquerez sur ce point avec le ministère public — R. Les témoins que vous allez entendre reconnaîtrons tous qu'ils ont reçu les sommes indiquées sur les mandats.

D Mais le témoin Allain prétend n'avoir pas reçu la totalité des sommes indiquées sur ces quatre mémoires. — R. Cela n'a pas rapport avec la fête du pont d'Andé. Ce sont des travaux que M. Allain a exécutés.

D. Mais il dit le contraire. Maintenant, comment constituez-vous Godard, terrassier, et présentant un mémoire de 5,000 fr. de terrassement ? — R. La somme entière a été dépensée dans l'établissement et le transport des tentes, dans les voyages de 1,700 pompiers qui ont été appelés à la fête.

D. Oui, c'est ainsi que l'on a fait des largesses avec l'argent des contribuables. Puis il y a un nommé Thiberge qui n'a jamais été payé ? — R. Il est bien difficile de croire un homme à qui l'on doit 180 fr. et à qui l'on donne un mandat ne l'ait pas touché.

D. D'abord, il dit qu'il ne lui était dû que 60 fr. ? — R. Il lui était dû 180 fr. et il a touché son mandat certainement.

D. Il y a cependant un grand nombre de parties prenantes qui n'ont pas touché personnellement leurs mandats. Pour un nommé Letellier, c'est bien plus fort, il n'a rien touché et vous lui avez fait faire un mémoire de 6 000 fr. — R. J'ai adressé les pièces justificatives ; la somme a été employée à payer une dépense départementale si le mémoire est fictif.

D. Parisie qui a fait deux mémoires, l'un de 2,000, l'autre de 3,000 fr., a eu à peine de quoi faire le voyage pour venir à la Cour d'assises ; il a demandé que pendant son absence on fournît de l'argent à sa femme qui n'a pas de quoi vivre ? — R Il n'y a je crois qu'un mémoire de Parisie ; l'argent a été employé à payer les dépenses du pont d'Andé.

Et le fait Buchard, dans lequel il y a un double faux ? — R. Les sommes ont été employées pour les dépenses du pont d'Andé. Le conseil général a eu toutes les explications sur les dépenses du pont d'Andé ; il n'a pas été trompé.

D. Eh bien! il serait regrettable qu'il n'eût pas été trompé.

INTERROGATOIRE DE L'ACCUSÉ VITTECOQ

D. Vous êtes accusé de faux. Vous avez substitué sur une délibération le chiffre 6 au lieu du chiffre 4? — R. Je n'ai pas fait de faux. Il faut prendre les choses dès le commencement. M. le préfet

m'avait donné très-souvent de l'argent pendant mon administration ; si bien qu'il me dit : « Vous m'ennuyez à la fin ! Il faut me rembourser. » J'ai répondu ; « C'est assez juste ! » L'argent m'a été donné par M. Janvier sans reçu, je l'ai donné aux travailleurs sans reçu et je l'ai rendu à M. Janvier sans reçu, il est heureux qu'il est encore vivant.

D. Calmez vous, expliquez-vous avec modération. — R. M. Janvier devait envoyer un mandat de 6,000 fr. ; il n'en a envoyé qu'un de 4,000 fr. ; c'était une erreur et j'ai expliqué au conseil municipal qu'il fallait corriger ce chiffre.

D Cependant tous vos collègues du conseil municipal déclarent que vous ne leur avez rien dit de cela ? Je leur ai tout expliqué.

D. Nous les entendrons. — R. Tout s'est fait loyalement, et j'en prends la responsabilité. Car je croyais d'abord me rappeler que c'était mon secrétaire et le percepteur qui avaient fait cette surcharge ; depuis j'ai réfléchi.

D. Vous avez d'abord accusé très-énergiquement le secrétaire de la mairie, et il a protesté énergiquement, comme le doit faire un honnête homme quand on l'accuse d'un faux. — R. Ce n'est pas un faux, il faut connaître les choses.

D. On a même cherché à exercer une certaine pression sur cet homme pour le faire convenir de sa participation à cet acte. Il a été publié des brochures à ce sujet ; qui les a écrites ? — R. Mais, moi, M. Janvier et d'autres amis.

D. Ainsi voilà un préfet qui écrit des brochures pour vous défendre ! tout cela est bien regrettable ! Connaissez-vous cette note que l'on a trouvée à la place du préfet après les opérations de la révision et qu'on a dû vous soumettre. Dans cette note, vous donniez des indications sur les conscrits à prendre, sur ceux qu'il fallait exempter ? — On ne m'a rien soumis du tout.

D. Ainsi vous niez cette note ? — Je ne la nie pas ; mais je ne l'ai pas vue.

M. le président. — Eh bien, on va vous la présenter.

L'accusé, après avoir regardé la note. — Elle est bien de mon écriture.

M. le président. — Eh bien, qu'en dites vous ?

L'accusé. — Je n'en dis rien je n'ai rien, à dire ; je donnais des renseignements pour que le préfet ne fût pas trompé.

M. le président. — Nous allons en donner lecture. Elle commence par un sobriquet que le préfet vous donnait familièrement, il paraît : « Gros patapouf de Beaumont. »

L'accusé — Ce n'est pas un surnom que le préfet me donnait ; tout le monde m'appelait comme cela depuis longtemps.

M. le président. — C'est possible ; c'est même probable, et je l'admets. On lit ensuite :

« Attention aux quatre soutiens de famille ! Sans pitié pour Loge !... »

L'accusé. — C'était un richard que l'on recommandait comme malheureux.

M. le président. — N'était-ce pas aussi le fils d'un conseiller municipal qui n'était pas votre ami ? On lit encore :

« A prendre, 41, lieutenant Deshailles ! »

D Quel est ce Deshailles ? vous le connaissez?

— R. C'est un homme qui a fait beaucoup de mal au pays.

—D. Tenez ! ce n'est pas bien ; vous vous mettiez ainsi au service des plus mauvaises passions. C'est un fait grave pour vous que d'avoir attiré l'attention sur trois malheureux jeunes gens ? et ces mots : « sans pitié » écrits pour l'un d'eux?
— R. Il n'avait pas d'infirmités.

D. Je vous le répète, ce n'est pas bien ; c'est une mauvaise action! Asseyez-vous maintenant, nous allons entendre les témoins.

AUDITION DES TÉMOINS.

M. Pierre-Amédée Deschamps, soixante-huit ans, ancien maire d'Evreux.

Le témoin se propose de donner des détails généraux sur l'organisation du concours régional de 1864, se réservant de répondre aux questions qui pourront lui être adressées. Il rend compte du désaccord qui exista sur ce point entre lui et le préfet; quant au chiffre des dépenses, le crédit sollicité de la ville était considérable. Le conseil municipal vota 25,000 fr. Les dépenses énormes du préfet élevèrent les frais à 330,000 fr. Le conseil général dut donc voter des subsides, dont partie devait revenir à la ville, et partie faire face aux frais du concours hippique.

Le témoin se plaint de ce que le préfet avait ameuté le commerce de la ville contre son administration, la représentant comme s'opposant au concours, tandis qu'elle ne repoussait, en réalité, que des dépenses fantastiques.

Il y avait en caisse les 25,000 fr. de la ville, les 60,000 fr. votés par le conseil général, plus les subventions votées par les communes

M. le président. — A quelle époque les travaux ont il commencé ?

Le témoin. — En avril.

M. le président. — L'accusé disait hier ; en janvier.

Le témoin. — En janvier c'était impossible.

M. le président. — Il y a toujours eu de l'argent dans la caisse municipale ?

Le témoin. — Toujours on a payé les dépenses depuis le 1er mai jusqu'à la clôture du concours et au-delà en juillet 1865, les comptes n'étaient pas encore réglés et il y eut des élections.

M. le président. — C'est là un épisode politique qui est inutile dans ce débat.

Le témoin. — Il annonça le remplacement du maire, ce qui m'empêcha de suivre cette question qui intéressait la ville Dans mes réclamations postérieures contre le préfet, je n'ai jamais été animé d'un mauvais sentiment, je dis cela parce que j'ai cru comprendre en lisant l'interrogatoire d'hier...

M. le président. — Oh ! j'en demande pardon aux représentants de la presse, mais ils ont leurs appréciations dont le juge doit s'abstenir.

Un juré. — Quelle somme a produite à la ville le concours régional ?

Le témoin. — Il y avait eu 87,000 fr. fournis par le conseil général, 20,000 par la ville, les communes ont fourni environ 184,000 fr.

Le juré. — Cela faisait environ 279,000 fr., et en commençant le témoin a dit que le total était de 330,000 fr. Il y a un écart, d'où provient-il ?

Le témoin. — Il faut ajouter le produit des entrées.

M. le président. — Et les mémoires fictifs indûment payés par la ville ?

M. Janvier. — Je demande à faire quelques observations sur la déposition du témoin. Nos relations avec M. Deschamps ont été excellentes jusqu'en 1854. On espérait la présence de l'empereur et l'on ne pouvait faire un concours régional dans les conditions ordinaires comme le voulait M. le maire. Nous eûmes de discussions à cet égard. Je voulais faire quelque chose de neuf et je refusai de m'associer à ses projets.

Le commerce de la ville d'Evreux fit à la préfecture une démarche pour me prier de m'entendre avec le maire pour organiser le concours régional. On m'offrait même de toutes part des souscriptions que je refusai. Mais j'allai trouver M. le maire et nous nous entendîmes. Les paiements ont commencé non pas au mois de mai, mais au mois de mars....

M. le président. — Je crois que vous pourriez soumettre ces explications au fur et à mesure que les faits seront expliqués par les témoins.

L'accusé Janvier. — Je réponds, je me défends.

Alphonse Halbout, soixante-deux ans, chef de comptabilité à la préfecture de l'Eure.

Le témoin commence par expliquer qu'un chef de comptabilité n'est pas un inspecteur des travaux. Il n'a à apprécier que la forme des mémoires et des mandats au point de vue de la régularité administrative. Le témoin n'avait donc pas à s'occuper des causes du mandat du moment qu'il y avait présentation de pièces régulières.

M. le président. — Comment expliquez-vous qu'un mandat ne soit pas touché par la partie prenante elle-même?

Le témoin. — Quand le mandat est fait, visé et remis à la partie, le chef de comptabilité ne sait plus ce qu'il devient.

M. le président. — Pourquoi, avant des services très recommandables, avez-vous voulu faire valoir vos droits à la retraite?

Le témoin. — J'étais un peu ennuyé... et aussi fatigué.

M. le président. — Je comprends votre situation et la modération de l'expression que vous employez ; vous n'avez pas eu à vous plaindre de M. Janvier et, d'autre part, vous receviez les confidences des fournisseurs et ces confidences vous causaient une impression fâcheuse. D'autre part, vous avez dit que vous avez reçu de votre père un nom honorable et que vous vouliez le conserver tel?

Le témoin. — C'est ce que je veux répéter !

M. le procureur général. — Que savez-vous de la comptabilité des souscriptions pour les secours à l'industrie cotonnière?

Le témoin. — J'ai connu les recettes, mais je n'ai pas connu les dépenses.

Me Lachaud. — La ville de Verneuil n'a-t-elle

pas reçu une somme de 80,000 fr. sur les fonds de secours affectés aux ouvriers cotonniers?

Le témoin. — La ville de Verneuil a reçu de grosses subventions, mais sur les fonds destinés à l'industrie cotonnière.

Me Lachaud. — Quand le préfet a fait faire une enquête par les commissaires de police dans les communes pour retrouver les sommes qu'il avait distribuées, M. Halbout n'a-t-il pas travaillé à ce relevé.

Le témoin. — Je ne le crois pas.

Me Lachaud.—M. le président veut-il bien présenter cette note au témoin. C'est une note informe, un relevé de l'écriture de M. Halbout.

L'accusé Janvier. — Et j'aurais trouvé bien d'autres notes de ce genre si je n'étais pas enfermé depuis dix mois

M. le président. — Vous exagérez, vous n'êtes détenu que depuis le mois de juillet.

L'accusé. — Et la Suisse?

M. le président. — Cela ne nous regarde pas, nous n'avons à nous occuper que de ce qui se passe dans le ressort de la Cour de Rouen et je dois ajouter que l'on a eu pour vous tous les égards possibles. Dès le premier jour, vous avez pu communiquer avec votre famille et avec votre conseil, ce qui est une illégalité que l'on a commise pour vous.

L'accusé.—Me Homais ne m'a jamais fait passer aucun papier.

M. le président. — Je n'ai pas dit cela et je n'ai pas besoin de le dire ; mais l'opinion publique a été égarée par les journaux.

Me Lachaud. — J'en appelle à ce que M. le président disait au commencement de cette audience ; nous ne pouvons être responsable de ce que les journaux ont imprimé.

M. le président.—Mais je ne vous en rends pas responsable, je n'ai rien dit de pareil. Témoin, veuillez examiner cette pièce.

Le témoin. — Elle en est en effet de mon écriture, j'avais oublié cela.

M. le président. — S'agit-il dans ce relevé de sommes touchées de la main à la main ?

Le témoin. — Je ne puis le dire, je ne le sais plus.

Le témoin montre deux articles de cette note qui indiquent des sommes données de la main à la main.

Me Frère aîné. — Le témoin peut-il nous dire quelle était la réputation de M. Bourguignon, qui est architecte du département depuis quarante ans ?

Le témoin. — Sa réputation parmi nous, à la Préfecture, était celle d'un homme excellent et d'un très honnête homme !

Pierre Victor Leloup, quarante-neuf ans, chef de la division communale à la préfecture de l'Eure. — Au mois de septembre ou octobre 1867, M. Janvier m'a chargé de voir le maire de Gravigny et de lui dire : « Voulez-vous recevoir une subvention pour votre commune, à la condition d'en reverser une partie pour les dépenses des jardins de la préfecture ? — Cela ne peut-il pas me compromettre, me demanda M. le maire? — Ce n'est pas régulier, lui dis-je. Mais quand on se connaît et qu'on s'estime, du moment que

les fonds sont employés pour les travaux du département.

M. le président. — Il me semble que vous amnistiez bien facilement ce qui est au moins irrégulier.

Le témoin. — Je le déclarais irrégulier moi-même.

M. le président. — MM. les jurés diront si ce n'est pas plus qu'irrégulier

Le témoin — Moi, j'étais convaincu que les fonds devaient servir aux travaux du jardin.

Jacques-Alexis Chevalier, soixante-cinq ans, ancien huissier du cabinet du préfet de l'Eure. — Ce témoin déclare qu'il a signé et fait signer des mémoires de travaux. Il a avancé diverses sommes à M. Janvier de la Motte ; il a été créancier du préfet de sommes s'élevant jusqu'à 18 à 20,000 fr. Mais, ajoute-t-il, M. Janvier n'en a jamais connu le total ; je ne le lui disais pas. La famille de M. Janvier m'a payé.

M. le président. — Accusé Janvier, c'est une situation bien besoigneuse pour un préfet.

L'accusé. — Alexis, pour moi comme pour les préfets qui m'ont précédé, n'était pas un domestique, mais un homme de confiance. Je le chargeais de toutes les affaires de maison dont je ne pouvais m'occuper.

M. le procureur général. — N'avez-vous pas touché un mandat pour la commune de Gravigny ?

Le témoin. — Oui, cet argent a été employé aux dépenses des jardins de la préfecture ; j'en ai rendu compte au successeur de M. Janvier, à M. Tourangin.

M. le président, en vertu de son pouvoir discrétionnaire, donne lecture à MM. les jurés de la déposition de M. Mettetal (Pierre-Frédéric), membre de l'Assemblée nationale, ancien chef de division à la préfecture de police.

Il s'agit, dans cette déclaration, des embarras d'argent de M. Janvier de la Motte. Le témoin, chargé par le ministère de s'informer de la situation pécuniaire du préfet, déclare que M. Janvier avait contracté des emprunts à de véritables escrocs ; il avait souscrit des obligations pour 200,000 fr. et avait reçu tout au plus 20 ou 30 mille francs et par très petites sommes.

Le témoin estime que M. Janvier, homme très-léger dans sa vie privée et administrateur de fantaisie, était capable dans sa gestion administrative de commettre toutes les irrégularités possibles de comptabilité, mais incapable d'en profiter personnellement ; ses embarras étaient énormes, et par légèreté il omettait, quand sa famille liquidait pour lui, de déclarer le chiffre exact de ses dettes.

Edmond-Arthur Thiroin, cinquante-huit ans, banquier à Evreux.

Ce témoin a prêté souvent des sommes peu importantes à M. Janvier. Il a été remboursé. Il sait que M. Janvier a été souvent victime de sa générosité.

M. le président donne lecture de la déclaration de M. Fronteau, imprimeur à Saint-Omer. Ce témoin a été chargé par M. Janvier de la Motte de la négociation de billets auxquels il n'a pas été fait honneur. Le témoin a du les payer, mais il a été remboursé.

Du reste, si dans le commencement de ces négociations il a cru à une créance sérieuse, il a fini par comprendre qu'il s'agissait de ce pro curer des fonds, et cela lui importait peu, parce qu'il considérait M. Janvier comme son seul débiteur, et il était sûr d'être remboursé par lui, comme il l'a été en effet.

L'accusé. — Ces billets étaient la représentation d'une dette sérieuse, d'un M. Kuningham pour qui j'avais répondu et pour qui j'avais payé. Il m'avait souscrit ces billets pour me couvrir et, en définitive, pas un centime de ces négociations n'est entré dans mes mains. J'ai tout perdu.

M. le président. — Il paraît y avoir eu entre vous et M. Kuningham un échange de signatures.

M. le procureur général. — Ces billets n'ont circulé que parce que Fronteau y avait apposé la fausse signature de M. le comte d'Espagny, le receveur général.

M. le président. — Et Fronteau ne pouvant payer, a mis la main dans la caisse de la recette générale. Voilà où vous l'avez conduit.

M. le comte d'Espagny, trésorier-payeur du Rhône. — J'ai connu M. Janvier quand il était sous préfet à Saint-Etienne, et je l'ai connu sous les meilleurs rapports. J'avais conservé un si bon souvenir de lui, que, sur sa recommandation, j'acceptai pour employé M. Fronteau, dont, du reste, j'avais aussi reçu de très-bons renseignements du trésorier-payeur de Mende, auprès duquel il avait longtemps été employé. Du reste, c'était un fondé de pouvoir très intelligent, et je n'ai aucun reproche à adresser à M. Janvier à cet égard. Ce n'est que plus tard que cet employé imita ma signature et celle de M. Janvier.

M. le président. — Oh ! il y a des billets sur lesquels la signature de M. Janvier était réelle.

Le témoin. — Oui, mais il y en avait sur lesquels elle était imitée.

Le témoin déclare que si l'on a poursuivi M. Janvier, c'est à son insu. Son mandataire aura cru devoir envoyer une citation, mais le témoin l'a ignoré ; il s'y serait opposé.

Eugène-Barthélemy Demarquais, chef adjoint de la police municipale de Paris, ex-commissaire de police aux délégations judiciaires.

J'ai été chargé de recueillir certains renseignements sur les relations de M. Janvier à Paris. Une femme Prat, qui a été condamnée plusieurs fois comme proxénète, lui a plusieurs fois livré des femmes. Elle m'a dit qu'il avait dépensé environ 400,000 fr. avec une demoiselle Crénisse, artiste d'un théâtre de Paris.

Il aurait aussi dépensé beaucoup d'argent avec Mlle Blanche Pierson. Quant à ses relations avec la demoiselle Renault, il m'a été dit qu'il avait connu les trois sœurs successivement et qu'il était resté avec Henriette, la troisième. Elle a un enfant que dans la famille on appelle le petit Janvier. M. Janvier de la Motte allait souvent dans les bals ou dans les coulisses de certains théâtres où il était connu.

M. le président donne lecture de la déclaration de la demoiselle Crénisse. Celle-ci n'a que des souvenirs très-confus de ses relations avec M. Janvier de la Motte, qui, du reste, n'était pas, dit-elle, son seul protecteur.

L'accusé. — Je crois bien que M. Demarquais n'a pas su par lui-même tous ces faits ; ce sont des on dit.

M. le président. — Les relations ont existé, cela est certain ?

L'accusé — Je ne le nie pas ; mais il y a plus de dix ans que je n'ai mis le pied dans un bal.

M. le président. — Vous alliez dans les coulisses de certains théâtres ; vous y aviez des liaisons... Et vous étiez d'autant plus coupable que vous étiez marié, père de famille et préfet ! C'est sur ces révélations que votre séparation de corps a été prononcée.

L'accusé. — C'est une erreur, la cause a été mes embarras d'argent.

M. le président. — Le jugement constate le contraire ; il ne faut pas d'équivoques.

M. le procureur général. — Est-ce que M. Demarquais n'a pas su que la fille Henriette Renault allait souvent à la Préfecture de l'Eure ?

Le témoin. — On me l'a dit. Elle faisait des voyages à Evreux ; mais je ne sais ce qui se passait dans cette ville. On m'a dit qu'on l'y appelait Mme Janvier.

M. le président donne lecture de la déclaration d'une dame veuve Branchard, demeurant à Evreux.

Cette dame s'inquiétait de voir sa fille cesser de travailler et se livrer à des dépenses. Elle apprit qu'elle se rendait à la préfecture où elle était introduite en secret. Elle voulut faire enfermer sa fille soit dans un couvent, soit dans une maison de correction ; mais son gendre qui voulut s'occuper des démarches nécessaires trouva de grandes difficultés pour obtenir la légalisation des signatures sur la requête de M. le président du tribunal.

La dame veuve Branchard voulut poursuivre M. Janvier en détournement de mineure ; mais voyant qu'elle ne pouvait réussir à rien de tout cela, elle accepta une indemnité de 2.500 fr., et partit pour Paris avec sa fille et acheta un bureau de tabac.

L'accusé. — Je ne nie pas les faits, mais je nie les circonstances ; il n'y a pas eu le moins du monde détournement de mineure.

M. le président. — Quel âge avait cette fille ?

L'accusé. — Dix-neuf ans, je crois.

M. le président. — Et on l'introduisait dans la préfecture !

Henri Plichon, cordonnier à Evreux.

Me trouvant dans un grand besoin, je fis à la préfecture une demande de secours. J'allai la solliciter accompagné de ma belle-fille. Quelques jours après, un agent vint me dire de me rendre à la préfecture. Je m'y rendis seul et M. le préfet m'offrit un mandat de 80 francs que je n'acceptai pas, vu les conditions que l'on me faisait.

M. le président. — Expliquez-vous.

Le témoin. — Eh bien ! M. le préfet m'a dit qu'il voulait parler à ma belle fille dans son intérêt et qu'elle vînt le soir, à neuf heures par la petite porte ! Je n'ai pas retourné à la préfecture, et ma belle-fille n'y est pas allée. J'ai dit au commissaire de police : « Ah ! si c'est pour cela que M. le préfet m'a fait venir, c'est bien inutile que j'y retourne ! Le commissaire me dit : « Il faut que cela soit mort ; n'en parlez à personne, car vous pourriez bien vous en repentir.

L'accusé. — Je ne m'explique pas que cet homme ait compris ainsi mon intention. J'ai donné assez souvent des secours sans condition pour que l'on n'ajoute pas foi à cette accusation. Si je n'ai pas donné les 80 fr. le lendemain, c'est que je pouvais pas avoir l'air d'encourager des gens capables de pareilles calomnies.

M. le président. — Mais il ne se plaint pas de ce que vous lui avez refusé le secours, il ne dit pas cela du tout ; c'est lui qui, indigné de votre proposition, n'a plus voulu retourner à la préfecture. Enfin, vous niez le fait ?

L'accusé. — Je ne nie pas le fait, mais je nie l'intention.

M. le président. — Qu'est-ce donc que cette visite d'une femme, le soir à neuf heures, par une petite porte de jardin ?

Après l'audition de deux témoins qui ont fait à M. Janvier de la Motte divers prêts d'argent pendant qu'il était préfet de l'Eure, l'audience est suspendue pour une demi-heure.

L'audience est reprise à 2 heures et demie.

Louis-Antoine Boulanger, cinquante-six ans, rentier à Saint-Michel, près Evreux.

M. le président. — Le fait auquel se rapporte ce témoignage est prescrit, vous vous le rappelez ; il n'est invoqué que pour établir les façons habituelles d'agir de l'accusé.

Le témoin. — M. Bourguignon jeune est venu me dire : « Le préfet avance de l'argent au département, pouvez-vous lui prêter 4,000 fr. ?» Quand j'ai vu M. Janvier, il m'a dit : « J'ai avancé beaucoup plus que cela, c'est 15,000 fr. qu'il me faut. — Bien volontiers, répondis-je. » Plus tard, pour me rembourser, M. Halbout me fit copier un mémoire de 15,000 fr pour fournitures d'arbres ou de je ne sais plus quoi.

M. le président. — Et vous certifiez dans un mémoire que vous avez fourni ces arbres ou ce je ne sais plus quoi ? C'est grave.

Le témoin. — Je n'en connaissais pas la conséquence.

L'accusé. — J'ai expliqué hier que j'avais payé de mes deniers les travaux pour la construction des Archives. L'archiviste me pressait lui-même. Voitures, chevaux, rien ne pouvait circuler, et l'empereur allait venir.

M. Chérel n'a fait que les constructions, mais les creusements, les transports de terres, les plantations d'arbres ont été faits de mes deniers, je l'affirme.

Le témoin. — Quant à moi, je savais bien que cet argent avait été vraiment employé dans les jardins de la préfecture.

L'accusé Bourguignon. — N'a-t-il pas vu lui-même exécuter ces travaux sous ses yeux ?

M. le président. — Il l'a dit.

François Chenet, 43 ans, jardinier, département de Seine-et-Oise. — J'ai été jardinier de la préfecture en 1859 et 1860 ; j'ai fait une plantation de peupliers et d'accacias. Je ne sais à quelle somme ça s'est élevé.

M. le président. — Quelle somme avez-vous touchée ?

Le témoin. — Rien du tout, j'étais au mois, j'avais 100 fr. La seconde année j'ai planté d'autres arbres fournis par M. Nouvelle.

M. le président. — Il résulte du mémoire de M. Nouvelle, qu'il a fourni pour 12 ou 1,500 fr. ; nous sommes loin du total du mémoire Boulanger. Avez-vous fait d'autres travaux ?

Le témoin. — J'ai planté des gazons, cela a pu s'élever à 15 ou 16,000 fr.

M. le président. — M. Nouvelle a été payé tout récemment ; le mémoire Boulanger ne peut donc s'appliquer à ces travaux.

Me Lachaud. — A quelle époque le témoin est-il entré à la préfecture ?

Le témoin. — En août 1859.

M. le président. — Et le mémoire est du mois d'octobre.

L'accusé. — Mais M. le président vient de constater lui-même que des plantations ont été faites en 1857 et 1858.

M. le président. — Combien ont coûté ces plantations ?

L'accusé. — Fort cher.

M. le président. — Prenez le prix le plus élevé ?

L'accusé. — Quand chacun de ces arbres aurait coûté 100 fr., cela ne m'étonnerait pas.

Le témoin. — Ça, c'est vrai ; on a fait venir exprès des charriots de Paris pour les transporter.

L'accusé. — D'ailleurs, je n'ai reçu que des félicitations du conseil général.

M. le président. — Oui, après ; mais vous ne lui en aviez jamais parlé avant.

L'accusé. — Enfin il a approuvé les travaux, et, en tout cas, il les a constatés ; ils ont donc été exécutés et par conséquent payés par moi.

Lecture est donnée par M. le président de la déclaration de M. Émile Fosset, âgé de 48 ans, ancien maire de Bernay.

Il reconnaît que le préfet de l'Eure lui a offert une somme de 7,000 fr. pour la commune à charge de retour. Cette proposition a été refusée, mais il n'en a pas été délibéré dans le conseil municipal. M. Fosset a dû, après ce refus, donner sa démission de maire parce qu'il s'est aperçu qu'à partir de ce jour il ne pouvait plus rien obtenir de la préfecture ; le préfet lui témoignait le plus grand mauvais vouloir.

Charles-Émile Vy, 60 ans, propriétaire à Bernay. — Je ne suis plus membre de la municipalité de Bernay. Je suis maintenant membre du conseil général. En 1863, quand j'étais adjoint, M. Boussau, percepteur, vint me dire que le préfet, dans sa tournée de révision, avait dépensé et promis beaucoup trop d'argent ; qu'il l'avait chargé de me demander si je voulais faire un mémoire fictif de la somme de 7,000 fr. et le faire approuver ; je pourrais garder 1,000 fr. pour la ville de Bernay et renvoyer le surplus à M. le préfet. Je refusai.

L'accusé. — Le témoin rapporte sans doute exactement ce qui s'est passé entre M. Boussau et lui ; mais je crois qu'il se trompe d'époque.

Le témoin. — Mais l'envoi de la subvention était annoncé et le mandat avait été envoyé. Quand le préfet rapporta son arrêté. 4,000 fr. étaient déjà dépensés, on les renvoya le plus vite qu'on le put dans les caisses du département.

L'accusé. — Il fallait que cet argent rentrât et puisque la commune avait des ressources suffisantes, il valait mieux appliquer cet argent à des communes qui votaient des subventions pour le concours régional. Je ne veux pas parler de M. Emile Fosset qui est absent et malade ; mais je ne comprends pas ce qu'il dit de mon mauvais vouloir à partir de ce refus, car j'ai gardé de bonnes relations avec M. l'adjoint Vy.

Le témoin. — C'est exact ; nos relations ont toujours été bonnes.

M. le président. — A quelle époque êtes-vous entré au conseil général ?

Le témoin. — En 1866.

M. le président.—En 1868, on a voté un crédit pour éteindre les déficits antérieurs ; deux conseillers généraux, M. le marquis de Chambray et vous, avez refusé de vous associer à ce vote. Pourquoi ?

Le témoin. — Parce que j'étais alors fort mal avec M. Janvier, qui n'était plus préfet de l'Eure, et je ne voulais pas si je votais le refus du crédit que l'on dût croire que je le faisais par rancune.

Édouard Laperle, 71 ans, conducteur des ponts et chaussées. — Lors du voyage de l'empereur, on m'a donné des pièces à examiner et des vérifications de comptabilité à faire.

M. le président. — Quelle a été votre conclusion?

Le témoin.—Qu'il y avait une différence entre les sommes dépensées et les dépenses accusées. Cela avait rapport aux illuminations, au sable employé, etc. On présentait un mémoire de 6,000 fr.

M. le président. — Et la dépense était environ de 700 fr.; c'est votre conclusion.

Le témoin. — Une somme avait été empruntée à M. Bigot et à d'autres. Le montant des mémoires et les sommes empruntées offraient une différence dont je ne puis me rappeler le chiffre.

M. le président. — Est-ce qu'une partie des travaux n'a pas été exécutée par les ponts et chaussées et la voirie, de sorte que l'on n'a pas eu d'ouvriers à payer, quoique plusieurs aient réclamé ?

Le témoin. — Je ne puis dire cela.

Le témoin explique que le compte particulier du préfet et le compte du département avaient été confondus dans le mémoire de M. Lavollée dit Poignant, lampiste.

M. le président. — Dans les treize mémoires qui comprennent un espace de sept ou huit ans,

dans quelle proportion entrent les comptes particuliers du Préfet?

Le témoin. — 19,000 fr. environ.

M. le président. — Combien a-t on pu dépenser dans les jardins de la préfecture ?

Le témoin. — 4 ou 5.000 fr. par an, je suppose. Il y a eu des déplacements de terre et des fouilles assez considérables ; le terrain était difficile, le premier travail a été perdu ; il est tombé, il a fallu recommencer. En tout, cela n'a pas pu dépasser 2,500 fr.

M. le président. — Qu'avez-vous constaté pour les dépenses du pont d'Andé ?

Le témoin. — J'avais à rechercher si les dépenses accusées répondaient aux dépenses faites; j'ai constaté qu'on avait porté deux fois les dragages faits par Chaville.

M. le président. — Le mémoire n'est pas incriminé, écartons-le ! Qu'a fait Allain ?

Le témoin. — Des travaux d'épuisement, des travaux spéciaux montant d'après lui, à 6,000 francs ; mais il n'y avait pas de pièces à l'appui.

M. le président. — Messieurs les jurés, nous arrivons au premier fait qui vous est soumis, à l'emploi des fonds destinés aux ouvriers cotonniers.

Charles-François Lebœuf, comté d'Osmoy, 44 ans, conseiller général. — Je ne puis que répéter ce que j'ai dit dans mes interrogatoires. Une première fois j'ai été interrogé à Versailles sur des faits généraux et une seconde fois à Evreux sur des faits particuliers.

A Versailles on m'a demandé si j'avais approuvé des comptes factices présentés par M. Janvier au conseil général de l'Eure ; j'ai répondu : « Jamais! »

On m'a demandé si, dans ma conviction, les dépenses de l'empereur au concours régional avaient été réellement faites ; j'ai répondu que c'était une conviction.

M. le président. — Donnez-nous des explications sur l'emploi des fonds cotonniers ? — R. M. le préfet ne devait pas communication des comptes d'emploi des 66,000 fr. votés dans l'Eure, des 800 fr envoyés par le comité de la Seine-Inférieure, ni des 10,000 fr. par l'empereur ; il ne devait de comptes que sur l'emploi des 2 centimes votés par le département. Cependant, il nous a donné communication de ces comptes d'une façon officieuse. Il nous a justifié de 112,000 fr. et de 66,000 fr.

Me Lachaud. — Dans la pensée du témoin, les dépenses faites pour le concours régional lui paraissent-elles exagérées ?

M. le président — Je ne comprends pas le but de cette question

Me Lachaud — Je vais faire comprendre ; dans ma pensée, il n'y a crime que s'il y a préjudice pour le département, c'est de la discussion, je m'arrête, mais je désire que le témoin répète ce qu'il a dit dans l'instruction.

Le témoin. — Dans ma conviction profonde, les dépenses du concours régional ne sont nullement exagérées, et, si je puis ajouter un mot, je dirai que dans ma pensée le préfet y a plutôt mis du sien.

M. le président. — Quelle était donc sa fortune à cette époque ?

Le témoin. — Je ne la connais pas, je donne mon appréciation.

M. le procureur général — Parmi les pièces justificatives, le préfet n'a-t-il pas présenté celle-ci : la dépense de 2,488 francs pour timbres-poste ?

L'accusé. — On s'en est étonné beaucoup. J'avais la franchise postale, il est vrai, et l'on m'objecte cela ; mais cette dépense n'a rien d'exagéré et l'on considère la multiplicité des affaires à traiter à ce sujet.

Le témoin. — Cette dépense ne nous a pas paru exagérée, à moi du moins ; elle eût pu paraître exagérée en temps normal ; mais quand on songe au peu de temps que le préfet a eu pour organiser cette fête magnifique, on cesse de s'en étonner.

M⁰ Frère aîné. — Le témoin ne sait-il pas que M. Bourguignon est un homme des plus honorables ?

Le témoin. — Je le tiens pour tel. C'était un ami de mon père, qui n'a qu'à ce louer de l'avoir employé comme architecte.

Joseph-Frédéric, comte de Lagrange, cinquante-six ans, propriétaire, demeurant à Paris, membre du conseil général de l'Eure.

J'ai accompagné M. Janvier dans diverses tournées qu'il a faites dans le canton de Gisors ; je l'ai vu distribuer des secours nombreux aux malheureux ; sa générosité était bien connue ; on lui reprochait même l'exagération. On m'a dit, j'ai entendu dire par des ouvriers, par la voix publique, qu'il avait distribué des sommes importantes sur les fonds cotonniers. Il y a de nombreuses usines dans le canton de Gisors.

Quant aux mémoires fictifs, je n'en ai jamais entendu parler ; il est vrai que je n'ai pas fait partie de la commission des comptes ; mais mes collègues, M. Pouyer Quertier, M. le comte d'Osmoy ont tout examiné avec soin.

M. le président. — Je n'en doute pas, mais c'est ici le cas de répéter ce que j'ai dit : les choses se passaient de telle façon, que le contrôle et la vérification étaient impossibles Vous nous parliez des libéralités de M. Janvier dans le canton de Gisors ; les secours, comment étaient-ils donnés ?

Le témoin. — De la main à la main.

M⁰ Lachaud. — Je prie M. le président de demander à M. le comte de Lagrange, si, dans sa pensée, M. Janvier a pu jamais profiter d'un centime des fonds du département.

M. le président. — M⁰ Lachaud évitons les questions sur les impressions personnelles des témoins.

M⁰ Lachaud. — Comment monsieur le président !...

M. le président. — Pour le moment je ne puis vous accorder la parole pour des questions d'impression.

M. le président donne lecture de la déclaration de M. le marquis de Fayet. Ce témoin, membre du conseil général, ne se rappelle pas avoir entendu parler des générosités faites par M. Janvier dans ses tournées. Il passait pour un op-

posant au préfet dans le conseil général, et le préfet a cherché à s'opposer à son élection.

M. le duc d'Albuféra, cinquante-six ans, membre du conseil général de l'Eure. — Je n'ai pas eu connaissance des mandats fictifs, je me suis peu occupé de la question des comptes que mes collègues examinaient avec beaucoup de rigueur.

A une tournée de révision qui a eu lieu au moment où les ouvriers cotonniers étaient en souffrance, j'ai vu dans le canton de Gisors et dans le canton des Andelys, tirer d'un sac d'or des rouleaux tout prêts, et sur lesquels étaient écrits d'avance les noms des communes. Chaque rouleau était de 1,000 fr.

L'accusé. — Ces générosités ne remontent-elles pas à l'époque même de mon arrivée dans l'Eure ?

Le témoin. — Oui, sans doute, dans ma conviction, M. Janvier était généreux, il donnait beaucoup, il donnait même trop. Je suis certain que, bien loin d'avoir un centime au département dans les 1,100,000 fr. payés par sa famille, il y a bien des sommes données aux malheureux du département.

Le témoin donne des renseignements les plus favorables sur l'accusé Boulanger.

Pierre-Guillaume Petit, soixante-sept ans, fabricant de draps, ancien député et ancien membre du conseil général de l'Eure.

Le témoin a accompagné très-souvent M. Janvier dans ses tournées de révision ; on ne l'a jamais vu donner d'argent aux maires ni en distribuer avec profusion aux indigents.

Le témoin a toujours connu M. Bourguignon pour un très-honnête homme.

L'accusé. — M. Guillaume Petit faisait ordinairement les tournées avec moi dans l'arrondissement de Louviers, celui qui a le moins souffert et qui par conséquent avait le moins besoin de secours.

Le témoin. — Oh ! je ne conteste pas les habitudes de générosité de M. Janvier ; sa générosité était, au contraire, proverbiale ; on la lui reprochait.

Sur une question posée par M⁰ Frère aîné, le témoin, qui faisait partie de la commission chargée de l'examen des objets livrés pour l'asile des aliénés, déclare que cette fourniture était dans les meilleures conditions.

M. Bénigne-Ernest, marquis de Blosseville, 68 ans, conseiller général.

Le témoin n'a jamais été présent aux distributions d'argent faites par le préfet ; il n'a jamais entendu parler de mémoires fictifs.

M. le président. — N'avez-vous pas fait au préfet une question sur les dépenses du pont d'Andé ? N'avez-vous pas demandé si le règlement de ces dépenses n'était pas terminé, et le préfet ne vous a-t-il pas répondu : « Oui, tout est payé ? »

Le témoin. — Je me rappelle cela, mais sans bien me souvenir des détails.

M. le président. — Et cependant, il restait le prix du banquet, une somme de 11,000 fr. qui a été portée sur les dépenses du concours régional. Est-ce qu'il n'arrivait pas souvent que le préfet vous présentant un fait accompli, une dépense faite, le conseil se trouvait forcé de l'approuver ?

Le témoin. — Oui, cela est arrivé plusieurs fois.

Le témoin connaît M. Bourguignon pour un parfait honnête homme.

M. le président donne lecture de la déclaration de M. le général Morin, membre du conseil général. — Il n'a jamais eu connaissance des distributions d'argent faites par le préfet dans les tournées de révision. Il n'a jamais entendu parler de mémoires fictifs.

Pierre-Paul Trutat, 42 ans, membre du conseil général de l'Eure.

Le témoin a vu, dans une tournée de révision dans les cantons de Damville, de Nonancourt et de Saint-André, le préfet distribuer des rouleaux d'or aux maires et à des personnes notables. Le témoin n'a pu se rendre compte de l'importance des sommes ainsi distribuées.

M. Lachaud. — Quelle est l'impression du témoin sur M. Janvier ?

Le témoin. — Que c'était un préfet qui consacrait son temps, son activité, son intelligence au bien-être du département, et qu'il aurait été un préfet accompli s'il n'y avait pas eu un excès de générosité à lui reprocher !

M. le duc de Clermont Tonnerre, 58 ans, ex-conseiller général de l'Eure, n'a jamais entendu parler des distributions ; mais son canton n'est pas de ceux qui ont souffert de la crise.

L'impression du témoin sur M. Janvier est qu'on n'avait à lui reprocher que d'être trop large dans ses générosités.

M. Ganel du Hétray, 70 ans, propriétaire, ex-conseiller général de l'Eure, demeurant à Pont-Audemer, n'a jamais été témoin de ces distributions aux maires ou aux particuliers. Il n'a pas eu connaissance de l'existence de mémoires fictifs.

M. le président. — L'accusé Bourguignon n'a-il pas été appelé devant la commission des comptes ?

Le témoin. — Oui, pour l'affaire de l'asile des aliénés. Il a déclaré qu'il n'avait jamais soupçonné la vérité des comptes qu'il avait eu à vérifier. Dans l'opinion du conseil général, M. Bourguignon était un très honnête homme et nous avait dit toute la vérité.

Louis-Pierre-Amand Lereffait, 45 ans, notaire et conseiller général.

Le témoin a entendu dire que, dans une tournée, après avoir passé une revue de pompiers et distribué de l'argent aux compagnies, il dit : « Il me reste encore 4,000 fr., je ne veux pas les remporter ; à qui vais-je les donner ? » Cela ne l'incrimine ni ne fait son éloge.

M. le président. — Mais personne n'incrimine ce fait là ; il est plutôt favorable, on le constate, et voilà tout. Accusé Janvier, ce n'était pas sur les fonds cotonniers que vous donniez des secours aux pompiers ?

L'accusé. — Dans toutes les compagnies de pompiers il y a des cotonniers, et c'est comme cotonniers que je leur donnais ces secours.

M. Levacher d'Urclé, âgé de 58 ans, propriétaire et ancien conseiller général de l'Eure. — Le témoin a eu connaissance des secours distribués dans les tournées de révision. M. Janvier a même fait cette observation que ces tournées lui revenaient fort cher, et qu'il demanderait des fonds spéciaux pour cela.

M. le président. — Vous n'avez pas eu connaissance de faux mémoires ?

Le témoin. — Quand on m'a parlé de faux dans l'instruction, j'ai d'abord protesté, ce n'est pas là ce qu'on appelle des faux.

M. le président. — Ce sont des mensonges signés.

Le témoin. — Comme conseiller général je n'en ai pas eu connaissance.

Audience du 28 *Février* 1872

L'audition des témoins continue.

M. le président. — Accusé Vittecoq, hier vous avez indiqué comme l'auteur de la surcharge une personne que vous avez nommée, vous avez dit le contraire dans l'instruction ; avez-vous fait citer cette personne ?

Accusé Vittecoq. — Non, M. le président, je ne l'ai pas fait citer, j'en prends la responsabilité.

M. le président. — Il est inutile de nommer cette personne, si elle ne doit pas figurer dans les débats.

L'accusé Vittecoq. — Elle est morte.

M. le président. — On comprend pourquoi tout à coup c'est cette personne qui aurait été l'auteur de cette surcharge, enfin c'est vous qui la lui avez fait faire ?

L'accusé Vittecoq. — Oui, M. le président.

Pierre-Edmond Assir, cultivateur et maire. —

Dans un repas offert par mon frère à M. Janvier, celui-ci, à la fin du repas, a remis à ma disposition un rouleau de 4,000 fr. Comme je n'avais sollicité aucun secours, j'ai prié M. Janvier de remettre cette somme dans sa poche, ce qu'il a fait.

M. le président. — A quelle époque ?

Le témoin. — Au moment de l'élection de M. Petit.

M. le président. — C'est une indication inutile à donner ; nous aimons autant ne pas voir intervenir dans ce débat des questions électorales. Etait-ce à l'époque de la crise cotonnière ?

Le témoin. — Je ne m'en souviens pas.

M. Louis David Cirette, maire de Marbeuf, a assisté au dîner et à la scène dont il vient d'être question ; il confirme la précédente déposition et ne sait rien de plus.

M. Buret, ancien commissaire de police à la

Neuve-Lyre. — Je reçus de M. le préfet plusieurs états qu'il me chargeait de faire signer par MM. les maires des sommes données aux ouvriers cotonniers. Il n'y en avait pas dans notre commune ; mais enfin, les sommes indiquées dans ces états étaient inférieures à celles qui avaient été distribuées. Les maires hésitaient à signer.

M. le président. — On comprend cela. Mais dans l'instruction vous avez dit dans votre déclaration écrite que les sommes des états étaient supérieures à celles qui avaient été distribuées. (M. le président donne lecture de cette déclaration.)

Le témoin. — C'est une erreur, mais l'argent a été employé à secourir des ouvriers nécessiteux.

M. le président. — Vous avez dit : « Plusieurs maires m'ont fait observer que les sommes des états étaient supérieures à celles distribuées, »

Le témoin. — Inférieures.

M. le président. — Supérieures ! Qu'est-ce qui a déterminé ce changement de langage ? ou bien est-ce le contraire ?

Le témoin. — Peut-être M. le juge de paix, qui a recueilli ma déposition se sera trompé.

M. le président. — Le jury appréciera votre explication de ce changement.

M. le procureur général. — Savez-vous si ces sommes reçues étaient mandatées ou avaient été données de la main à la main ?

Le témoin. — Les maires m'ont dit que les percepteurs connaissaient mieux qu'eux les sommes.

M. le président. — Alors c'est qu'elles étaient mandatées.

Le témoin. — Cependant plusieurs m'ont dit qu'une partie des sommes avaient été données de la main à la main.

Isidore Boulaud, cinquante ans, maire de Saint-Pierre du Bosguerard. — En 1863, j'ai reçu 400 fr. du préfet de l'Eure, dont 100 fr de la main à la main. Trois ans après, M. Buzet, commissaire de police, est venu me faire signer que c'était pour les ouvriers que j'avais reçu cette somme qui, réellement, m'avait été donnée pour les chemins vicinaux.

M. le président. — Et qui a été employée sur les chemins vicinaux avec l'approbation du conseil municipal ?

Le témoin. — Oui, monsieur.

M. le président. — Et la somme portée sur les états était exacte ?

Le témoin. — Exacte.

L'accusé Janvier. — Je dois faire observer que les secours envoyés pour la crise cotonnière n'étaient pas exclusivement distribués aux ouvriers cotonniers, mais à tous ceux qui pouvaient souffrir directement ou indirectement de cette crise. En employant cet argent en extraction de cailloux sur les chemins vicinaux, on donnait du travail à des gens qui en manquaient par suite de la crise. C'est là le mandat que j'avais reçu et que j'ai exécuté avec confiance.

M. Paul Dumont, maire de Plasnes.

En 1863 ou 1864, il m'a été proposé de la part de M. le préfet une somme pour la commune, à la condition que je reconnaîtrais avoir reçu une somme double. J'ai répondu que je ne voulais pas me prêter à une pareille combinaison.

L'accusé. — Je proposai un secours pour la commune, et, comme c'était au moment du concours régional, je demandais en même temps si la commune ne me voterait pas en échange une subvention pour le concours régional.

M. le président. — A quelle époque ?

Le témoin. — 1863 et 1864.

M. le président. — Cela concorde, en effet, avec la date du concours régional.

Jean-François Santini, quarante-deux ans, ancien commissaire de police à Louviers, attaché au dépôt des prisonniers dans l'Ile-d'Oleron.

J'ai fait un voyage dans le canton de Pont-de-l'Arche, pour obtenir le désistement de deux protestations contre l'élection de M...

M. le président. — Oh ! laissons de côté les questions électorales.

Le témoin. — C'est à l'occasion de cette mission que je fus chargé de faire signer à différents maires des états indiquant des sommes reçues ; deux d'entre eux signèrent, un troisième, le maire de Montaure refusa de signer parce qu'il était mal avec le préfet.

Me Lachaud. — Que sait le témoin de la générosité de M. Janvier ?

Le témoin. — Chaque fois qu'il venait dans le canton, il distribuait de l'argent aux malheureux, par 10, 15 et 20 fr.

J.-B. Frédéric Heulant, cinquante-neuf ans, maire de la commune de Montaure et cultivateur, canton de Pont-de-l'Arche.

Au mois de mars 1868, le commissaire de police de Louviers m'a apporté deux états, l'un de 700 fr. l'autre de 300 fr., portant en tête : « secours aux ouvriers cotonniers. » Comme je n'avais pas reçu ces sommes, je n'ai pas voulu signer. J'avais bien reçu deux sommes de 500 fr. pour travaux dans l'église et pour un lavoir, puis j'avais reçu 1,000 francs dans une lettre.

M. le président. — Sans mandat, alors ?

Le témoin. — Oui, pour des travaux sur un chemin indiqué.

L'accusé. — Je suis heureux que M. le maire reconnaisse aujourd'hui avoir reçu cette somme que je lui ai envoyée par lettre parce qu'il était mal avec la majorité de son conseil municipal. Cela rentre dans ce que j'expliquais tout à l'heure ; la crise cotonnière causait une misère générale, et les travaux sur les chemins occupaient des bras.

M. Nicolas-Ferdinand Desmonts, maire de Pôses.

Le commissaire de Louviers m'a fait signer un reçu de 1,800 francs pour secours aux ouvriers cotonniers. Je n'avais pas reçu cette somme.

M. le président. — En aviez-vous reçu d'autres ?

Le témoin. — Oui, par mandat, pour l'école des filles.

M. le président. — Alors, vous n'aviez pas en donner reçu.

Mᵉ Lachaud. — Le témoin n'est maire que depuis 1864, il peut ignorer ce que son prédécesseur a reçu de la main à la main.

L'accusé. — C'est une somme de 4,000 fr. donnée de la main à la main ; cela est parfaitement présent à ma mémoire.

M. Auguste Anseaume, soixante-trois ans, ancien maire de St-Cyr-du-Vaudreuil, canton du Pont-de-l'Arche. — Dans l'hiver 1863 à 1864, j'avais dans ma commune une famille d'une *misère noire* ; j'ai demandé un secours à M. le préfet, qui a tiré cinq louis de sa poche pour me les donner. Il a dit au général qui l'accompagnait : « Je n'ai pas besoin de reçu »

M. le président. — Plus tard, on vous a présenté un registre ?

Le témoin. — C'est de moi-même que j'ai rappelé ces 100 francs-là quand le juge de paix et le brigadier de gendarmerie ont fait une enquête pour savoir quelle somme M. Janvier avait donné de la main à la main.

Philippe De Lalonde, quarante-trois ans, juge de paix de Beaumont-le Roger.

J'ai été chargé par commission rogatoire de faire une enquête sur les sommes que M. le préfet avait données de la main à la main. J'ai fait l'enquête, mais je ne me rappelle pas le chiffre que j'ai trouvé.

M. le président. — 3,900

Le témoin. — C'est bien cela.

Louis-Jacques Guillaume, soixante-quatre ans juge de paix, du canton de Bernay.

J'ai été chargé par M le juge d'instruction d'Evreux de procéder à une instruction sur un prétendu détournement de 132,000 fr. destinés aux malheureux. A Serquigny, il avait été donné par M. le préfet 20 fr. d'une part, 80 fr, d'autre part, plus encore 20 fr.; dans les autres communes le résultat était complétement négatif.

Hippolyte-Romain Manchon, soixante-dix ans, juge de paix du canton de Beuzeville. — Chargé de la même enquête, le témoin n'a trouvé dans les dix-sept communes de son canton aucune trace de sommes distribuées sans mandat par le préfet.

Eugène-François Lair, soixante quatre ans, juge de paix de Brionne (Bernay).

Chargé de la même enquête dans son canton, le témoin a entendu tous les maires, tous les industriels, les desservants ; il a trouvé une somme de 1,000 fr donnée au maire de Brionne. J'ai vu la lettre d'envoi pour les ouvriers cotonniers, elle se terminait par les mots: « Vous n'avez à rendre compte de ces sommes qu'à votre conscience.

Avec différentes autres petites sommes, le témoin est arrivé au total de 12,000 fr.

Jean-Pierre-Alexandre Morel, quarante-trois ans, juge de paix du canton de Broglie.

Le témoin chargé de la même enquête a fait les mêmes investigations, il est arrive à un total de 530 fr

M. le président. — Comme il arrive le plus souvent, l'enquête à laquelle s'est livrée la gendarmerie est arrivé au même résultat.

Gustave-Eléonore Gouger, cinquante ans juge de paix du canton de Damville.

Chargé de la même enquête, le témoin est arrivé partout négatif.

M. le président. — L'enquête de la gendarmerie est arrivé à un chiffre de 150 fr. ; la différence n'est pas énorme.

Pierre-Joseph Moinet, soixante-deux ans, juge de paix du canton de Gaillon.

Le témoin a trouvé une somme de 100 fr. donnée pour les ouvriers sans travail dans une commune, plus une somme de 120 fr. par petites sommes, à différentes communes.

Eugène-Edouard Lobrot, trente-trois ans, juge de paix du canton de Gisors.

Le témoin a trouvé seulement dans trois communes, à Gisors à Dangu et à Bezu, trace de sommes données ; une seconde enquête lui a donné de nouveaux résultats. Le témoin évalue à 5,000 fr. le total des sommes distribuées de la main à la main par le préfet dans le canton de Gisors.

L'accusé. — Comment M. le juge de paix s'est-il trouvé forcé de faire une seconde enquête ?

Le témoin. — J'ai reçu une seconde commission rogatoire et le secrétaire d'une mairie qui m'avait affirmé que la mairie n'avait rien reçu la première fois, s'est rappelé qu'une somme de 1,200 fr. avait été donnée par le préfet. Le maire était décédé. Il en a été de même pour le canton de Gisors.

Pierre Amable Adolphe Conard, soixante-neuf ans, juge de paix du canton d'Etrépagny.

Ce canton étant essentiellement agricole, il n'y avait pas lieu à lui allouer des secours destinés aux cotonniers ; je ne suis arrivé à aucun résultat.

Auguste-Théodore Dugripon, cinquante-trois ans, juge de paix du canton de Fleury-sur-Andelle.

Le prévenu, chargé de la même enquête, a trouvé un total de 12,770 fr. distribués de la main à la main.

M. le président. — La gendarmerie est arrivée au chiffre de 14,000 fr.

Etienne-Frédéric Tourneville, quarante-cinq ans, juge de paix du canton de Lyons-la-Forêt.

Le témoin, chargé de la même enquête, a constaté la distribution dans les communes du canton, d'une somme de 4,000 fr. de la main à la main.

Claude-Théodore Vibert, quarante-six ans, juge de paix du canton de Montfort.

Le témoin signale quatre personnes qui ont reçu des sommes s'élevant à un total de 1,200 fr. de la main à la main.

M. le président. — Toujours de 1863 et 1864.

Le témoin. — De 1863 à 1868.

M. le président. — La gendarmerie a trouvé 1,260 fr.

Pierre-Jean-Baptiste Frelet, cinquante-cinq ans juge de paix du canton de Nonancourt.

M. Janvier étant préfet au mois d'avril 1863, a envoyé par la poste, pour les ouvriers sans travail 4,300 fr. à deux communes.

M. le président. — La gendarmerie a trouvé 4,800 fr. Pour comprendre ces différences, il faut remarquer que la gendarmerie devait faire des recherches sur tous les secours donnés, tandis que les commissions rogatoires adressées à MM. les juges de paix restreignaient ces recherches aux sommes destinées aux ouvriers sans travail.

Tauqueray, cinquante-six ans, juge de paix de Pont-de l'Arche.

Le témoin a trouvé dans son canton une somme de 1,000 fr. pour les ouvriers cotonniers.

Jean-Baptiste-Jules-Tomas Hyver, quarante-quatre ans, juge de paix du canton de Thiberville.

Le témoin a trouvé un total de 2,290 fr.

M. le président. - La gendarmerie est arrivée au chiffre de 2,440 fr.

M. le président, en vertu de son pouvoir discrétionnaire, donne lecture à MM. les jurés de la circulaire adressée aux juges de paix pour leur faire connaître dans quel esprit cette enquête devait se faire.

Il est recommandé de ne donner à cette enquête aucun caractère politique, de rester strictement dans le domaine judiciaire.

Alexandre-Nicolas Lavollée dit Poignant, lampiste à Evreux. —En 1860, M. Briant m'apporta un mémoire à faire s'élevant à 4,400 fr. ; on m'en devait plus de 8,000. J'appris à la préfecture que ce mémoire que j'avais signé devait servir à rembourser diverses personnes qui avaient prêté de l'argent à M. le préfet.

M. le président. — Qui a été l'intermédiaire de cette négociation ?

Le témoin. — Je ne m'en souviens pas bien ; c'était dans le bureau de comptabilité de la préfecture.

L'accusé. — Je savais très bien qu'on devait de l'argent, depuis le passage de l'empereur, à Mme Verdière, à M. Simon et à M. Lefort ; mais quant aux moyens de remboursement, je ne m'en suis pas préoccupé : cela s'est fait dans les bureaux.

M. le président. — Mais le préfet, en pareil cas, couvre nécessairement ses subordonnés.

L'accusé. — Mais, monsieur le président, dès le premier moment je vous ai dit que j'en acceptais la responsabilité .

M. le président. — Ce que nous recherchons, messieurs les jurés, c'est l'intention, il n'y a qu'une question d'intention à débattre entre le ministère public et la défense.

Me Lachaud. — La question d'intention et la question de préjudice.

Adolphe-Jean Quervert, à Evreux. — Je sais que j'ai signé un mémoire de 6,000 fr. que je n'ai pas touchés.

M. le président. — C'est votre chef, l'agent-voyer, qui vous a dit de signer ce mémoire ?

Le témoin. — Non, monsieur : c'est M. Alexis Chevalier, l'huissier de la préfecture.

M. le président. — Ce qui pourrait engager l'action directe du préfet.

L'accusé — Je n'en ai jamais eu connaissance. J'ai pu dire devant M. Alexis : « On paiera telle somme par le mémoire de Quervert. » J'ai expliqué déjà que je n'ai été prévenu que huit jours

d'avance du voyage de l'empereur, et que cela a nécessité des frais énormes et subits pour le transport des pompiers, des maires, des conseillers municipaux, par des voitures particulières, et bien d'autres frais qui ont nécessité les emprunts.

M. le procureur général. — Mais les frais de transports de pompiers ont été remboursés au moyen de mandats ; en voici le détail. Je ne vois pas de quels autres frais l'accusé veut parler.

M. le procureur général donne lecture des détails de cet état des mandats de remboursement, en indiquant les noms des fournisseurs parties prenantes, pour liquides, décorations, etc., etc.

Indépendamment de mandats spéciaux pour le transport des pompiers. M. le procureur général indique un mandat de 330 fr. au chef de gare d'Evreux pour transport de pompiers par les chemins de fer.

L'accusé — Combien y a-t-il dans ces mandats de frais à imputer sur la nourriture ?

Me Lachaud. — Nous ferons ce calcul, c'est à nous à le faire.

L'accusé. — Je vous ai dit qu'il avait été transporté plus de dix mille personnes à Evreux pour le passage de l'empereur, pompiers, anciens militaires, musiciens ; il a fallu les nourrir. Il y a eu des dépenses de liquides, de cigares, etc., payées immédiatement, et c'est à cela qu'ont servi les 15,000 fr. empruntés à Mme Verdière, à M. Simon et à M. Lefort. Le conseil général a approuvé cette dépense.

Louis-Jean-Baptiste Simon, trente-huit ans, banquier à Evreux. — M. Janvier m'a fait demander un prêt de 6,000 francs, auquel j'ai consenti.

M. le président, — Lors du passage de l'empereur ?

Le témoin. — Après, vers le mois de novembre. J'ai été m'en expliquer avec M. Halbout, le chef de la comptabilité, parce que sachant que M. Janvier prenait volontiers sur sa fortune personnelle quand l'argent départemental manquait, j'ai voulu savoir si c'était à lui ou au département que je prêtais. M Halbout m'a dit que c'était la préfecture et non le préfet qui empruntait.

M. le président. — MM. les jurés, M. Lefort qui avait prêté 10,000 fr. dans les mêmes circonstances, est décédé. Mme Verdière ne s'est pas présentée. Ils n'auraient eu à donner aucun autre renseignement que le précédent témoin.

Magloire Certon, cinquante-huit ans, ancien conducteur des ponts et chaussés.

J'ai fourni en 1858, pour le passage de l'empereur, 220 mètres cubes de sable qui a été répandu sur la voie publique.

M. le président. — Ce travail n'a pas été fait par des ouvriers libres, mais par vos cantonniers ?

Le témoin. — Oui, monsieur.

M. le président — De sorte que le préfet n'a pas eu à les payer ?

Le témoin. — Il a eu des frais d'hébergement de 180 fr. à 200 fr. à peu près.

M. le président. — Nous voilà bien loin des 6,000 fr. du mémoire Quervert.

Après une très courte suspension, l'audience est reprise ; le débat va porter sur les faits relatifs aux fêtes du Pont-d'Andé et aux prétendues régies sur les chemins vicinaux.

M. le président. - Je rectifie complétement ce que j'ai dit d'une somme de 372 fr. mandatée au chemin de fer pour le transport. Il y a, en outre une somme de 6,000 fr. mandatée. C'est donc un total de 6,372 fr. mandaté pour le transport des pompiers.

L'accusé. -- Je faisais moi-même l'observation que cette somme était insignifiante, et qu'il avait été dépensé beaucoup plus que cela pour le transport des pompiers et des conseillers municipaux.

M. Prosper Alexandre Letellier, trente-quatre ans, agent-voyer.

En 1862, j'ai signé un mandat de 6,200 francs que je n'ai pas touché. J'ai demandé les pièces justificatives ; on ne les a pas reproduites.

M. le président. — Le mémoire n'a pas été retrouvé aux archives, il n'existe plus, grâce à la Commune

Le témoin. — Je suppose que ces travaux ont été faits sur un autre chemin que sur celui n° 26.

M. le président. -- Précisons. Avez-vous fait des travaux pour 6,200 fr. ?

Le témoin. — Non, monsieur.

M. le président. — Avez-vous été jamais chargé d'une régie ?

Le témoin. — Non.

M. le président. -- L'arrêté de régie est donc faux.

L'accusé. — J'ai signé des milliers d'arrêtés de régie qui doivent exister, et que pourtant je ne pourrais indiquer. En somme il n'y avait pas de crédits votés pour le pont d'Andé, il fallait payer la dépense.

M. le président. — C'est toujours le même système des dépenses faites sans le consentement du conseil général.

L'accusé. — Il les a approuvées.

M. le président. — C'est une affaire à régler entre le conseil général et les électeurs.

L'accusé Boulanger explique que l'argent n'est pas entré dans les mains du préfet, mais dans les siennes, et qu'il l'a employé à désintéresser les réclamants.

M. le président. — Eh bien ! je constate que vous, agent-voyer, n'aviez pas à vous occuper de cela.

L'accusé Boulanger. - Pardon, monsieur le président. Les fêtes du pont d'Andé regardaient mon service ; c'était à l'occasion de la construction d'un pont.

M. le président. — C'est un ensemble déplorable ; c'est pour ainsi dire la fraude organisée hiérarchiquement par le préfet et des subordonnés qui ne peuvent pas se soustraire aux sollicitations.

Léon-Pierre Bontemps, trente-trois ans, agent voyer cantonal, demeurant à Louviers. — Dé-

pose relativement au mémoire fictif de Buchard, l'aubergiste.-Ce témoignage ne révèle aucun détail.

Jules Godard, trente-deux ans, aéronaute, demeurant à Paris.

M. le président. — On vous a représenté un mémoire de 5,000 fr. que vous avez signé pour travaux de terrassement.

Le témoin. — Je suis aéronaute et je ne suis pas terrassier ; j'ai touché 1,200 fr. pour une ascension.

M. le président. -- Il y a eu un arrêté de régie de 5,000 fr. Qui l'a touché ?

L'accusé Boulanger. — C'est le régisseur. Il a donné 1.200 fr. à M. Godard ; le reste a été distribué aux fournisseurs.

Le témoin. — J'avais signé le mandat en blanc, comme je suis presque toujours forcé de le faire, pour partir sur-le-champ.

Jean Parisie, trente quatre ans, journalier à Gravigny. — Je tire de la pierre sur les chemins. Quervert, le chef cantonnier, est venu, je crois, de la part de M. Letellier, me dire de passer le lendemain chez lui pour signer le mandat. Je l'ai signé, le lendemain il m'a dit qu'on me paierait mon déplacement, ma journée.

M. le président. — C'est cela ; voilà une signature que l'on paye le prix d'une journée d'homme. Combien avez-vous reçu ?

Le témoin. — Ma journée, 3 fr. 50 c.

M. le président. — Avez-vous touché quelque chose ?

Le témoin. — Rien du tout, je n'ai plus entendu parler du mandat.

Napoléon-Delphin Buhon, ancien percepteur à Virouvay.

Buchard, avant de mourir, a dit au temoin qu'il n'avait jamais fait les travaux, ni fourni les cailloux indiqués au mémoire de 5,000 fr. qu'il avait signé. Il n'avait non plus rien touché.

Lecture est donnée de la déclaration de Mme veuve Buchard, qui confirme la déposition précédente, Buchard n'a fait aucuns travaux et n'a rien touché

L'accuse Boulanger. — Il a fait des transports avec ses chevaux et sa voiture ; il a fourni en outre du pain et du vin aux ouvriers employés aux travaux d'épuisement ; sa réclamation se montait environ à la moitié de 5,000 fr. Les autres 2,500 fr. ont servi à payer les dépenses de la fête.

La preuve que les fournitures de pain, de vin et d'eau-de-vie ont été faites, c'est qu'il y a au dossier un fragment de compte auquel il manque malheureusement le commencent et la fin.

M. le président. — Nous allons entendre Mme Buchard.

Mme veuve Buchard, trente-huit ans, limonadière, ne peut pas préciser la somme à laquelle s'élevait son mémoire de fournitures. Elle est bien certaine que ce mémoire ne lui a pas été payé après la fête ; les dépenses étaient payées à peu près au fur et à mesure. Elle a toujours ignoré l'existence du mémoire de travaux de 5 000 fr. Son mari n'a pu le signer que par complaisance.

L'accusé Boulanger. — Buchard faisait les charrois des ouvriers sans ouvrage que la ville de Louviers nous envoyait et qui n'avaient pas de matériel.

M. le président. — La Cour des comptes vous a demandé des éclaircissements, le mémoire Buchard lui a paru suspect.

L'accusé Boulanger. — A cause d'une erreur matérielle, une erreur en date.

M. le président. Vous lui avez donné une explication inexacte, au moins pour les 2.500 fr. qui vous ont servi à payer le mémoire de pain, vin et eau-de-vie, et encore l'existence de ce mémoire n'est qu'une allégation.

L'accusé Boulanger. — Les dépenses faites, j'ai cru devoir les payer. Depuis, on ne relève pas contre moi aucun fait de ce genre.

M. le président. — Cela est vrai.

Louis-Napoléon Allain, soixante-cinq ans, ancien entrepreneur, demeurant à Saint-Cyr-du-Vaudreuil.

On m'a présenté quatre mémoires dont deux faisaient partie de la route 43 ; ils étaient de 2.500 fr. chacun ; je n'avais nullement eu l'entreprise de ce travail.

M. le président. — Vous les avez signés cependant ?

Le témoin. — Non, je n'ai jamais signé cela.

M. le président — Il est peu vraisemblable que l'on ait imité votre signature ; vous avez dû les signer en blanc.

Le témoin. — J'ai signé des mémoires en blanc à la mairie d'Evreux ; mais jamais à la mairie de Louviers.

L'accusé Boulanger. — Cet entrepreneur s'est chargé de fournir de septembre 1860 à janvier 1861 les ouvriers nécessaires aux travaux d'épuisement du pont d'Andé ; cela s'élevait à 5,000 fr. : comme il n'y avait pas de travaux d'épuisement sur la route n° 43, j'ai été obligé de justifier la dépense par des travaux ordinaires.

M. le président. — Témoin, avez-vous fait des travaux d'épuisement ?

Le témoin. — Oui, monsieur, pour 5 ou 6,000 fr. Je ne me souviens pas comment j'ai été payé.

M. le président. — Alors comment savez-vous que tel paiement s'appliquait à tels travaux.

Le témoin. — Je ne m'en souviens pas

M. le président. — Vous avez aussi fait des travaux pour Garmechot, combien Garmechot vous a-t-il payé ?

Le témoin. — 1,200 fr. environ.

M. le président. — Par conséquent, il ne peut y avoir confusion entre les deux sommes.

M. le président. — Nous arrivons à deux autres mémoires, le premier de 4,630 francs, et l'autre de 6,000 francs. Avez-vous touché le premier ?

Le témoin. — Tous les travaux du pont d'Andé ont été payés par mandats, il n'y a pas eu de régie.

L'accusé Boulanger. — Le montant de l'adjudication était de 30,000 fr. M. Allain a touché environ 27,000 fr., les 3 dixièmes du montant de l'adjudication ; et, en dehors de l'adjudication, pour des emperrements, les deux mémoires dont il est question ont été faits. Ces mandats lui ont été payés dans les premiers mois de 1862.

M. le président. — Les travaux en dehors de l'adjudication ont-ils été autorisés ?

L'accusé Boulanger. — Sans aucun doute. De plus, il y a au dossier un plan qui indique le changement de tracé du chemin et les augmentations aux travaux qui ont résulté de ce changement.

M. le président. — En effet, le voici. Témoin, avez vous fait des travaux supplémentaires ?

Le témoin. — Je n'ai fait que des épuisements.

L'accusé Boulanger. — Le procès verbal de réception des travaux le constate Il a fait seul, comme entrepreneur, des travaux supplémentaires ; aucun autre entrepreneur n'a paru sur le chantier

Le témoin. — J'ai été payé par mandats, sans mémoires.

M. le président. — Mais pour établir un mandat il faut produire des mémoires. Avez-vous signé des reçus ?

Le témoin. — Non, monsieur.

M. le président. — Comment admettre que l'on vous paye sans justification et sans reçu, il n'y a pas d'administration qui opère ainsi.

Pierre-Alexandre Driège, trente-neuf ans, agent-voyer à Evreux.

J'ai toujours cru les arrêtés de régies et les mémoires exacts et sérieux ; je ne vais pas moi-même sur les travaux, je m'en rapporte aux pièces qu'on me produit.

Pierre Caillot, soixante-douze ans, cantonnier à Honnetteville. — C'est moi qui, avec des ouvriers du canton que l'agent voyer m'a donnés, ai fait les travaux sur la route 43, ligne d'Evreux. On a dit qu'ils avaient été faits par entreprise, c'est faux. J'ai travaillé comme cantonnier, je n'avais rien à réclamer.

L'accusé Boulanger. — C'est vrai, le montant du mémoire a servi à payer les travaux d'épuisement ; je l'ai dit tout à l'heure.

Louis Thiberge, cinquante-deux ans, menuisier à St-Pierre-du-Vauvray.

On m'a présenté un mémoire de 180 fr. pour fourniture de marne.

M. le président. — Eh bien, avez-vous fourni la marne ?

Le témoin. — Pas du tout.

M. le président. — Avez-vous signé ce mémoire ?

Le témoin. — Je reconnais bien ma signature ; mais ce n'est pas moi qui l'ai donnée, je n'en ai pas connaissance.

M. le président. — Vous l'avez sans doute donnée en blanc ?

Le témoin. — J'ai fait, comme menuisier, des tréteaux et des tables pour les fêtes du pont d'Andé. Il m'était dû 66 fr.

M. le président. — Vous a-t-on payé sur les fonds du mandat ?

Le témoin. — Je n'en ai pas connaissance, je ne savais à qui m'adresser.

M. le président. — Alors on vous doit encore ?

Le témoin. — Mais je le pense.

L'accusé Boulanger. — Thiberge a fourni en outre des portes pour l'établissement du chantier. Il manque de mémoire. Voici un certificat du receveur particulier de Louviers constatant que le mandat a été payé le 23 février 1861.

Lecture est donnée de ce certificat.

M. le président. — Il faudrait constater qu'elle a été la partie prenante.

Le témoin soutient qu'il n'a fait que les travaux qu'il a indiqués pour 66 fr. et qu'il n'a rien touché.

Le témoin ne tient pas de livres, il parle de mémoire.

M. le président. — Messieurs, il y a deux mémoires afférents au nom de Védie : cet individu ne se présente pas et peut-être il n'existe pas.

M. l'avocat général donne lecture d'une déclaration d'un nommé Védie qui déclare n'avoir exécuté aucuns travaux et signé aucun mémoire.

Il ne connaît, portant son nom, qu'un de ses cousins qu'on n'a pu retrouver.

L'accusé Boulanger. — Ce mémoire a été signé dans le bureau de l'agent-voyer d'arrondissement, et visé et approuvé par M. Perrée.

M. le président. — Y a-t-il eu des travaux de cailloutis pour 2.000 fr. sur le chemin numéro 18 ?

L'accusé Boulanger. — Je ne puis le dire.

M. l'avocat général Grenier. — Depuis la déclaration de Védie, le cousin dont il parle a été retrouvé. Il a déclaré n'avoir ni exécuté de travaux, ni signé de mémoires.

M. le président. — Pour des sommes aussi importantes il s'agirait d'un entrepreneur et un entrepreneur se retrouve.

A deux heures un quart l'audience est suspendue. Elle est reprise à trois heures et demie.

M. le président. — Messieurs, nous passons aux faits relatifs au concours régional.

Michel Nicolas Lebailly, soixante et onze ans, ancien secrétaire de la mairie d'Evreux.

J'ai été chargé seulement de l'ordonnancement des dépenses du concours régional. Les droits d'entrées auxquels la ville avait droit pour moitié n'ont jamais été versés.

La ville a payé 283,000 fr. environ pour cette cérémonie.

M. le président. — A quelle époque ont eu lieu les travaux du concours régional ?

Le témoin. — Vers le mois de mars j'ai fait les premiers ordonnancements ; c'était le receveur municipal qui payait les travaux de terrassement sur des feuilles d'attachement.

M. le président. — Quand les fournisseurs présentaient leurs mémoires qui les visait ?

Le témoin. — M. Perrée, régisseur du concours, et après je préparais l'ordonnancement que M. le maire signait ensuite.

M. le président. — Ne vous a-t-on pas ré-

pondu dans certains cas, qu'il n'y avait plus d'argent dans la caisse municipale ?

Le témoin. — Jamais ; nous marchions toujours à pied sûr.

M. le président. — Expliquez-vous sur différents mémoires qui vous ont paru suspects.

Le témoin. — Comme je n'avais pas vu les travaux je ne pouvais rien repousser ; mais certaines choses m'ont paru extraordinaires.

M. le président. — Qu'avez-vous pensé du mémoire Moutier.

Le témoin. — Je ne l'ai vu que beaucoup plus tard.

M. le président. — Est-ce que dans une lettre présentée par Perrée, on ne vous a pas demandé 6,000 fr. le 29 avril 1864 ?

Le témoin. — Le préfet m'engageait par cette lettre à remettre 6,000 fr. pour la souscription au banquet ; j'ai cru que le préfet était d'accord avec le maire, et je n'ai fait aucune difficulté de remettre 2.500 francs en argent et 3,500 fr. en un reçu sur le receveur général. Quand j'ai réclamé cette somme, M. Perrée m'a dit qu'il s'en occuperait.

M. le président. — Il vous a dit qu'il n'avait pas de fonds ?

Le témoin. — Je ne m'en souviens pas. La somme a été réintégrée dans les caisses municipales.

M. le président. — S'il y avait besoin de fonds, c'était pour payer ; pourquoi ne pas faire payer sur des feuilles d'attachement ou sur de mémoires visés ?

Le témoin. — Cela aurait pu se faire.

M. le président. — Dites que cela aurait dû se faire.

M. le président. — Et le mémoire Monnier ?

Le témoin. — Je suis allé à la préfecture, et l'huissier Chevalier m'a parlé d'un mémoire de timbres-poste et frais d'envoi ; on m'a demandé 5,000 fr.

M. le président. — Et vous avez observé que la Cour des comptes pourrait faire des observations à cet égard ?

Le témoin. — Oui, monsieur le président.

M. le président. — Et le mémoire relatif au banquet.

Le témoin. — Les dépenses du banquet pouvaient s'élever à 18 ou 19,000 fr., et elles montaient à 28 ou 29,000 fr. J'ai appris qu'on y avait mêlé ce qui restait à payer des dépenses du pont d'Andé.

M. le président. — N'avez-vous pas mis en marge du solde de ce mémoire une annotation constatant cette irrégularité ?

Le témoin. — Je ne m'en souviens pas.

M. le président. — Elle s'y trouve.

M. le procureur général donne lecture de cette annotation.

Le témoin. — Elle n'est pas de moi.

M. le procureur général. — Avez-vous fait des remarques sur le mémoire Boussavit ?

Le témoin. — Oui, monsieur ; mais je ne puis savoir si les fournitures ont été faites pour le chiffre indiqué.

L'accusé. — Pour cette somme de 6,000 fr.

mes souvenirs sont revenus. A chaque instant, il arrivait des marchands apportant des bruyères, des arbres, des fleurs, des fournitures de toutes sortes, qu'il était impossible de ne pas payer à l'instant

M. le président. — Pourquoi ne pas faire payer sur leurs mémoires ?

L'accusé. — Je ne pouvais faire faire immédiatement des mémoires à des ouvriers, à des cultivateurs ou à de petits marchands pour des sommes minimes. M. Lebailly sait quelle précipitation nous était imposée ; alors j'ai été bien heureux de retrouver sur le livre de Chevalier la mention de ces avances. Quand je n'étais pas persuadé qu'elles étaient afférentes au concours régional, je préférais, croyez-le bien, ne pas les réclamer, c'est ainsi que j'ai perdu, peut être, 20 ou 30,000 fr. C'est là ce que le concours régional m'a rapporté.

M. le président. — Il est fâcheux que le livre de Chevalier ait été détruit. Non pas que je vous impute cette destruction.

L'accusé. — Quant à M. Boussavit, il est venu à Evreux et nous avons passé ensemble devant M. le maire un premier marché de 1 200 fr. de fleurs, puis plus tard une fourniture de 2 400 francs. Sur les marchés de Paris où M. Boussavit me conduisait, je lui dis : « Ah ! j'espère bien que vous porterez sur vos mémoires les achats puisque vous êtes témoin que je les paie comptant. »

M. le président. — Ces explications seront plus utiles quand on discutera le mémoire Boussavit.

François-Frédéric Perrée, cinquante-trois ans, agent-voyer à Evreux.

M. le président. — Vous avez été nommé régisseur du concours régional ?

Le témoin. — Oui M. le président. comme directeur des travaux, j'ai vérifié les mémoires des dépenses comme chiffres.

M. le président. — Ces mémoires étaient-ils sincères ?

Le témoin. — Ceux pour lesquels j'avais dirigé les travaux étaient plus faciles à contrôler pour moi. Pour les autres, je ne pouvais les critiquer.

M. le président. — Avez-vous reconnu des mémoires fictifs ?

Le témoin. — Un seul, le mémoire Moutier. M. Halbout ou M. Leloup (je ne me rappelle pas) m'ont dit qu'il y aurait des dépenses à payer qui ne se présenteraient pas. On m'a présenté le mémoire Moutier fictif qui devait servir à payer ces dépenses.

M. Halboult. — Ce n'est pas moi qui ai donné les indications pour faire ce mémoire.

M. Leloup, appelé par M. le président, est absent.

M. le président. — Comment, témoin, avez-vous consenti à viser ce mémoire fictif?

Le témoin. — Je vous ai dit l'explication que l'on m'avait donnée.

M. le président. — Et vous n'avez pu résister, comme tous les autres subordonnés, et nous savons quelle inspiration les guidait. Vous vous

êtes trouvé entre votre position et les ordres qu'on vous donnait.

L'accusé. — Ce que veut dire le témoin prouve que j'envoyais à M. Halbout et à M. Leloup des notes sur ces dépenses ; j'aurais donc pris tout le monde pour complice de mes mauvaises intentions. Je m'étonne en outre que M. Perrée n'ait pas déclaré que jamais je n'ai menacé un inférieur de lui retirer sa place.

M. le président. — Peut-être pourrait-on vous répondre que c'est parcequ'ils faisaient tout ce que vous vouliez ! — Nous avons vu M. Halbout prêt à donner sa démission pour conserver intacte l'honorabilité de son nom.

L'accusé. — Mon défenseur produira une lettre de M. Halbout sur cette prétendue démission.

M. le président. — Vous ne prétendez pas attaquer l'honorabilité de M. Halbout?

L'accusé. — Oh ! nullement.

M. le président. — D'autant plus que vous avez fait son éloge au conseil général en disant de lui : « C'est un de ces employés dont on ne se sépare pas. »

M. l'avocat général Grenier. — Vous avez été nommé régisseur, l'avez-vous su ?

Le témoin. — Seulement quand on m'a présenté l'arrêté de régie.

Jules Moutier, cinquante-huit ans, entrepreneur de menuiserie à Evreux.

M Perrée est venu me solliciter pour faire un mémoire à l'occasion des travaux pour le concours ; des travaux de menuiserie de bâtiment.

M. le président. — Vous était-il dû de l'argent, l'avez-vous touché ?

Le témoin. — On m'en devait, mais je n'en ai pas touché sur le mémoire

M. le président. — Vous avez hésité à signer, pourquoi ?

Le témoin. — Parce que je disais que l'on me faisait faire quelque chose qui n'était pas juste.

M. le président. — Et vous aviez raison. Mais, créancier de la préfecture, vous avez signé?

L'accusé. — M. Moutier a dû toucher sur ce mémoire une somme de 3,266 fr., car en faisant le total de ce qui lui était dû alors, on verra que les mandats réels ne composent pas cette somme ; on n'a qu'à relever la comptabilité départementale, c'est bien facile.

M. le président. — Non, avec ces mémoires fictifs que vous ne niez pas et dont même vous semblez faire une théorie.

M. le procureur général. — Pour faire croire à la sincérité de ce mémoire fictif, on l'a réduit d'une certaine somme à la vérification.

L'accusé. — Et c'est cela qui prouve qu'à côté de travaux fictifs il était aussi la représentation de travaux réels.

Mme veuve Moutier, trente-neuf ans. — Son mari était loueur de chevaux à Evreux.

Je ne puis vous donner d'explications sur ces deux mémoires de 3,500 fr. et de 1,600 fr. Mon mari ne me mettait jamais au courant de ses affaires. Tout ce que je sais, c'est que quand on a parlé de ces mémoires dans les journaux après le départ de M. Janvier, c'est que mon mari m'a dit qu'il avait signé ces mémoires pour des locations de voitures. Je ne sais rien de plus.

M. le président. — Son mémoire se solde en juin par 654 fr. et de juin en septembre une nouvelle dépense de location de voitures de 4,600 fr. composant le second mémoire aurait été faite, c'est difficile a expliquer.

L'accusé. — Outre les locations de voiture, M. Monnier était chargé de m'amener les fournitures de ravine et de plantes. Ces transports étaient faits dans des charrettes.

François-Auguste Pinel, fleuriste décorateur, ex-employé de Boussavit.

Depuis ma déposition, à Paris, des fournitures me sont revenues à la mémoire. Elles peuvent monter dans les 8 à 9.000 fr.

M. le président. — Votre première déclaration accuse des fournitures pour 2,000 à 2,500 francs.

Le témoin. — Je me souviens de quatre-vingt-dix-huit surtouts découpés en bois avec galeries dorées.

M. le président. — Mais on a trouvé chez Boussavit le double de sa note sur les livres. On s'explique mal que votre mémoire soit plus fraîche aujourd'hui.

Le témoin. — Je n'étais alors qu'ouvrier chez M. Boussavit et je ne connaissais pas les travaux ; mais les renseignements que j'ai eu depuis, de ses employés qui étaient avec moi au concours régional d'Evreux, m'en ont fait connaître l'importance. M. Boussavit ne tenait pas de livres.

M. le président. — Nous entendrons l'expert qui a examiné ces livres.

L'accusé revient sur les explications qu'il a données plus haut. Une partie du montant de ce mémoire a servi à payer les achats faits par lui au comptant à Paris. Il insiste sur ceci, que le maire d'Evreux a payé sans observation ce mémoire.

M. le président. — Accusé Janvier, comment vous êtes-vous fait vous-même l'intermédiaire de ce paiement ? Est-ce le rôle d'un préfet de toucher 9,500 fr. et de donner au fournisseur rendez vous à Paris, à la gare ou à un autre domicile, pour lui remettre les fonds ?

L'accusé — Comment ? Cet homme me demande d'avoir la complaisance de lui épargner un voyage... Mais cela m'est arrivé bien souvent de rendre de pareils services.

Louis-Modeste Duhamel, quarante-six ans, jardinier à Evreux. — Je suis entré à la préfecture comme jardinier, au 1er mars 1864. J'avais 1,000 fr. d'appointement, je travaillais à l'entretien des jardins.

M. le président. — Combien le conseil général donnait-il pour cet entretien ?

Le témoin. — 4,500 fr., mais on a fait bien des travaux extraordinaires.

M. le président — Vous avez signé un mandat de 6,000 fr., pourquoi ?

Le témoin. — Pour payer les ouvriers ; à l'occasion du concours régional on m'a dit, pour hâter les travaux, de prendre des ouvriers et de les payer plus cher. M. Alexis Chevalier m'a dit que, pour cela, il fallait signer un mémoire de 6,000 fr.

M. le président. — Et Alexis Chevalier vous a remis 1,500 fr. ?

Le témoin. — Oui, monsieur.

L'accusé. — Permettez, ce n'est nullement un mémoire fictif ; 1,500 fr. n'auraient jamais payé tous ces ouvriers et je les avais payés moi-même. J'avais heureusement retrouvé sur le livre d'Alexis les attaches de chaque semaine. Les ouvriers étaient si nombreux que je ne m'y serais pas retrouvé.

M. le président. — Témoin, que savez-vous du mémoire du maire de Gravigny ?

Le témoin. — Les 4.200 fr. d'entretien ne suffisaient pas, il me manquait environ 800 fr. pour payer les ouvriers ; je le dis à M. Chevalier.

M. le président. — Et on fit faire un mandat au maire de Gravigny ; ainsi la commune de Gravigny payait les dépenses des jardins de la préfecture !

M. le procureur général. — Et le mémoire était de 1,900 fr., sur lesquels Chevalier n'a remis que 800 fr. à Duhamel.

M. le président. — Et il a gardé le reste.

M. le procureur général. — N'avez-vous pas fait un nouveau mémoire de 5.000 fr. pour fournitures d'arbustes ?

Le témoin. — Oui, de 5,000 fr.; je ne l'ai pas touché. C'était M. Halbout qui faisait les entêtes de ces mémoires et M. Alexis Chevalier qui me les faisait faire ; M. le préfet ne m'a jamais parlé de rien.

M Halbout — Je nie formellement !

M. le président. — Messieurs les jurés connaissent les personnes, ils choisiront entre l'affirmation des uns et la dénégation des autres.

Antoine-Célestin Dubois, 43 ans, cultivateur à Arnières.

J'ai transporté de la ravine et des fumiers à la préfecture et dans le pré du Bel-Ebat. J'ai été payé par un nommé Picard.

M. le président. — Par un mandat ?

Le témoin. — Par un mémoire que j'ai présenté, je ne me rappelle pas le chiffre.

M. le président. — A quelle époque ?

Le témoin. — Peu de temps après le concours; je n'ai pas souffert après mon argent.

M. le président. — C'est donc en 1864, et on représente un mémoire de 1,530 fr. Vous étiez payé alors ?

Le témoin. — Oui, monsieur. C'est M. Duhamel qui est venu me demander de signer ce mémoire pour pouvoir payer des travaux aux jardins de la préfecture ; on manquait d'argent, m'a-t-il dit.

Jacques Etienne Roineau, 51 ans, voiturier à Evreux.

M. le président. — Vous avez signé un mémoire de 603 fr. 75 ?

Le témoin. — Je ne peux pas m'en rappeler.

M. le président — L'auriez vous signé en blanc ?

Le témoin. — Impossible de m'en souvenir.

M. le président. — Vous avez été payé en 1864 ?

Le témoin. — Oui.

M. le président. — Alors le mémoire de 1865 est sans cause ?

Le témoin. — J'avais bien travaillé un ou deux mois avec un cheval, mais ça ne pouvait pas s'élever à cela.

M. le président. — Et d'ailleurs vous étiez payé depuis un an quand vous avez signé le mémoire.

François Morin, voiturier à Evreux.

Ce témoin a signé un mémoire de 1,440 fr. Il avait travaillé au concours régional et il avait été payé à la semaine.

M. le président. — Ce mémoire de 1,440 fr. ne représentait donc pas le prix de vos travaux.

Le témoin. — Non, monsieur, puisque j'étais payé à mesure.

M. le président. — Et vous ne l'avez pas touché ?

Le témoin. — Non, monsieur, jamais.

M. Arthur Piéton, soixante-huit ans, conservateur du Jardin des Plantes à Evreux.

J'ai fait un voyage à Paris avec M. Janvier, et nous fîmes des achats de plantes considérables pour le concours régional.

Quelques mois après on m'appela à la préfecture, et l'on me remit une formule de mémoire de 8,050 fr., je savais bien que cela n'était pas régulier ; mais comme je savais que cette argent devait servir à désintéresser les fournisseurs de fleurs, je consentis à signer.

M. le président. — Et cet argent a-t-il servi à cela ?

Le témoin. — Je ne puis l'affirmer ; mais j'ai revu ces fournisseurs, qui tous ont été parfaitement payés.

M. le président. — Il y a un second mémoire de 1,000 fr ?

Le témoin. — Le principal m'était dû, 980 fr., je crois.

M. le président. — Mais cette somme vous a été attribuée comme indemnité de voyage ?

Le témoin. — Ce n'était que 400 fr., et j'ai fait plusieurs voyages avec M. Duwarnet.

Sur la demande de l'accusé, le témoin Moutier, rappelé, déclare qu'il a fait le voyage de Paris avec M. le préfet et M. le maire.

M. Duwarnet, quarante-deux ans, avocat à Evreux.

Le témoin a été à Paris, en Belgique, en Hollande pour décider les grands horticulteurs de ces pays à venir à Evreux assister au concours. A Paris on a fait des achats de fleurs en grande quantité.

L'accusé. — En Hollande j'ai acheté pour 3 ou 4 mille francs de fleurs très-rares. Ces fleurs ont été offertes à l'impératrice.

Lecture est donnée de la déclaration de M. Simon, ancien directeur de théâtre à Evreux, demeurant à Verviers (Belgique).

M. Simon, ayant dit à M. Janvier qu'il n'avait pas fait ses frais, reçut, le lendemain, du valet de chambre du préfet, une somme de 1,000 fr. Comme quelque temps après on lui demandait de signer un mémoire de 4,000 fr., il s'étonna et alla en demander l'explication. Le préfet lui dit : « J'ai fait des dépenses énormes pour les représentations gratuites ; j'ai fait des cadeaux à M. Bressant et à Mme Darmain, et j'ai donné beaucoup aux artistes pauvres et aux saltimbanques, et il faut payer tout cela ! » Le témoin signa le mémoire.

M. le président. — Accusé Janvier, vous vous êtes déjà expliqué sur ce point. Ce sont les mêmes explications, sans doute, que vous auriez à faire valoir pour le témoin Ciotti, directeur du Cirque.

L'accusé. — Absolument les mêmes, monsieur le président.

A cinq heures et demie, l'audience est levée et renvoyée au lendemain, à dix heures précises.

Audience du 29 *Février* 1872

L'audience est ouverte à dix heures un quart.

M. le président donne connaissance à M. le procureur général de l'état maladif d'un de MM. les jurés. Sur les réquisitions conformes du ministère public, la Cour ordonne que M. le comte de Lavaux, atteint d'une névralgie aiguë, sera remplacé par M. le premier juré supplémentaire.

M. le président. — Faites revenir le témoin Chevalier.

Alexis Chevalier, huissier du cabinet du préfet, déjà entendu.

M. le président. — Le ministère public incrimine un mémoire de 2,800 francs de timbres-poste.

Le témoin. — C'était la présentation de frais de toutes sortes, de paquets, de ballots, pour le concours régional ; enfin tous les frais de port qui ne concernaient pas M. le préfet en particulier.

M. le président. — Mais, un mois avant, vous aviez présenté un mémoire qui se soldait par 600 et quelques francs ?

Le témoin. — Je n'avais pas pu réunir avant les éléments de toutes ces dépenses.

M. le président. — Ainsi, le deuxième mémoire était la représentation d'une dépense réellement faite ?

Le témoin. — Oui, monsieur le président ; mais vous m'avez arrêté hier quand j'allais dire quelque chose...

M. le président. — Dites-le à présent, je ne vous arrête plus.

Le témoin. — J'allais dire que ces dépenses se rapportaient, non pas au concours, mais à une élection qui avait eu lieu auparavant.

M. le président. — Si j'avais su ce que vous

alliez dire, je vous aurais probablement, encore
arrêté aujourd'hui. Vous pouvez vous retirer.

Le témoin Quervert, rappelé, reproduit sa
déposition ; il a signé un mémoire de 4,000 fr.
sur la demande d'Alexis Chevalier.

L'accusé. — C'était, je l'ai dit, pour payer les
ouvriers de la préfecture ; il y avait là cinquante
ouvriers qui attendaient.

M. le président. — Monsieur Deschamps, la
caisse municipale a-t-elle jamais manqué de
fonds pour payer ?

M. Deschamps. — Jamais, je l'ai dit.

M. Lachaud. — M. Deschamps peut-il nous
dire si la caisse municipale a jamais payé des
travaux relatifs aux jardins de la préfecture ?

M. Deschamps. — Elle ne devait évidemment
pas les payer ; mais cela est arrivé quelquefois.

L'accusé. — C'est ce que je conteste d'une
façon absolue.

Eugène-François Martin Mezard, quarante-
neuf ans, horticulteur à Rueil, près Paris.

J'ai affirmé à M. le juge d'instruction que
toutes les plantes indiquées sur ma facture
avaient été bien envoyées à Evreux.

M. le président. — Et vous affirmez encore
qu'elles l'ont toutes été ?

Le témoin. — Sauf cinq ou six que, de mon
chef j'ai envoyées autre part.

M. le président — Il s'agit d'une somme de
89 fr. ; pourquoi n'avez-vous pas fait deux factures différentes.

Le témoin. — M. Janvier m'avait dit de faire
traite sur lui, je croyais qu'il payait tout de ses
deniers, je n'avais pas à m'occuper du département.

M. le président. — C'est une erreur ! quand
vous envoyez des fleurs à la maîtresse d'un préfet, vous avez à distinguer ce compte de celui du département.

Le témoin. — Un client vient chez-moi avec
une dame, je ne sais pas si elle est légitime
ou non.

M. le président. — Taisez-vous ! Je vous ai
dit que vous aviez eu tort, et vous avez eu tort.
On va vous lire votre déclaration écrite dont le
ton est bien différent.

M. le procureur général donne lecture de cette
déclaration dans laquelle le témoin a dit qu'il
avait envoyé ces fleurs chez une dame, sur l'ordre formel de M. Janvier.

Le témoin. — C'est une erreur ; j'ai dit que
c'était de mon chef.

M. le président. — Alors, M. le juge d'instruction a écrit le contraire malgré vous ?

Le témoin. — C'est une erreur.

M. le président. — Comme un autre témoin
que nous avons entendu hier, vos souvenirs deviennent plus exacts, plus précis, à mesure que
les faits s'éloignent. Retirez-vous, le jury appréciera.

M. Eugène Letondeur, quarante-cinq ans,
ancien marchand de comestibles à Paris.

Le témoin a fourni le banquet de la fête du
pont d'Andé. En 1864, il a fourni le banquet du
concours régional, et une personne est venue

lui demander de mettre les deux comptes ensemble.

M. le président. — Vous rappelez-vous le
nom de cette personne ?

Le témoin. — Non, monsieur.

M. Lachaud. — Cette personne est citée, nous
l'entendrons.

M. le président. De 1861 à 1864, vous n'aviez
pas été payé des fournitures du pont d'Andé ?

Le témoin. — Non ; on nous disait d'attendre, qu'il y avait d'autres dépenses à payer
avant nous.

Louis-François-Jules Chefdeville, soixante-et-
un ans, ancien notaire, ancien adjoint à la mairie d'Evreux.

C'est moi qui ai fait payer ensemble les deux
mémoires de M. Letondeur ; ils ont été payés en
1864.

M. le président. — En vertu de quelle ouverture de crédit ?

Le témoin. — C'était une dépense départementale.

M. le président. — Il n'y a pas de dépense
départementale quand il n'y a pas de crédit voté.
Il ne faut pas laisser admettre cela.

M. le procureur général. — Est-ce vous, témoin qui êtes allé chez M. Letondeur et qui
avez dit que les deux mémoires, celui de 10,000
francs et celui de 18,000 fr, devaient être
réunis ?

Le témoin. — J'y suis allé, mais je n'ai pas
dit cela.

M. le président — Témoin Letondeur ?

Letondeur — Je n'étais pas là quand monsieur est venu ; c'est à madame qu'il a parlé, et
elle m'a bien répété qu'il avait dit de réunir les
deux mémoires ensemble.

Le témoin. — Je n'ai rien dit de pareil. Monsieur est venu ensuite à Evreux pour le règlement ; on lui aura dit cela dans les bureaux.

M. le président. — Accusé Janvier, cela a-t-il
été fait dans les bureaux ?

L'accusé. — Non, monsieur le président.

M. le président. — Vous voyez, témoin, vous
êtes en contradiction avec le principal accusé et
avec le souvenir de M. Letondeur. MM. les jurés apprécieront.

M. le président donne lecture de la déclaration de M. Ernest Bourget, propriétaire à Glos,
arrondissement de Lisieux.

M. E. Bourget conteste qu'il ait été homme
d'affaires de M. Morny ; il a rendu à celui-ci
divers services mais sans rétribution. En 1864,
il a été envoyé par M. de Morny pour acheter
les tentes et baraquements du concours régional pour le compte de la Société des courses
de Dauville. Il n'a pas vu le préfet, il croit avoir
traité avec un conseiller de préfecture pour
une somme de 1,700 fr. qui a été payée.

L'accusé. — C'est précisément cette somme
que M. le maire d'Evreux a réclamé par une
lettre adressée au conseil général et dont le conseil général a reçu de moi la justification.

Alexandre-Stanislas Bénet, quarante-neuf
ans, commissaire priseur à Evreux.

Le témoin a procédé à une vente de hangars
et pavillons provenant du concours régional.

La vente a produit une somme de 4,859 fr. qui a été remise à M. le préfet.

L'accusé. — Même observation.

Le témoin Piéton, déjà entendu.

M. le président. — Vous avez été préposé à l'entrée de l'exposition ?

Le témoin. — Des deux expositions : l'exposition hippique et l'exposition agricole Ces entrées ont produit 44,682 fr., 75 c. ; j'ai remis ces sommes à l'huissier Chevalier, sous les yeux du préfet.

L'accusé, même observation. — Tout a été réglé devant le conseil général.

M. le président donne lecture de deux arrêtés de M. Jules Périer de 1872, qui déclarent M. Janvier reliquataire de 213,000 fr. sur les fonds cotonniers et de 16,542 fr. 50 c. pour le concours régional.

L'accusé. — Mais le conseil général a approuvé tous ces comptes.

M. le président. — Le conseil municipal d'Evreux a réclamé ces sommes antérieurement au 4 septembre 1870 ; elles n'avaient pas été versées dans la caisse municipale.

M. le président donne lecture de la déclaration de M. Huet, président du Tribunal et maire actuel de la ville d'Evreux, créancière de diverses sommes dont le compte n'a pas été rendu par M. le préfet à l'époque du concours régional. Cette déclaration contient un rapport et une délibération du conseil municipal d'Evreux dans le même sens.

L'accusé. — Jamais M. le ministre de l'intérieur ne m'a demandé la moindre explication. Ensuite, sur la somme de 330,000 fr. qui a été dépensée pour le concours régional, la ville n'a payée que 19,000 fr., et ce concours lui a tellement profité, que l'année suivante le produit de l'octroi avait augmenté dans une proportion considérable. Elle n'a donc pas de reproche à me faire J'ajoute que le produit des entrées spéciales pour le concours régional est arrivé au chiffre de 10,000 fr.; de sorte que la ville est bien loin d'avoir dépensé le crédit de 25,000 fr. qu'elle avait voté.

M. le président. — C'est une discussion entre la ville d'Evreux et vous ; mais cette confusion du produit des entrées et des octrois avec les sommes auxquelles prétend la ville d'Evreux ne détruit pas l'autorité de ce document que je viens de lire.

L'accusé. — C'est une prétention que j'aurai à justifier en effet, quand on me demandera des explications.

Joseph-Hippolyte Chérel, soixante-six ans, ancien entrepreneur à Evreux.

Il a été dit que pour les cinq mémoires, s'élevant à 3,400 fr., j'avais été forcé d'avouer qu'ils étaient fictifs ; je ne l'ai jamais caché, je ne voyais là rien de frauduleux

M. le président. — Eh bien ! nous, nous y voyons de la fraude. Nous avons eu le regret d'entendre un conseiller général tenir ce même langage ; nous ne connaissons pas ce mode de comptabilité.

Le témoin. — Ces mémoires ont été faits sur des notes au crayon qui m'ont été données par M. Halbout.

M. le président. — Vous les avez là ces notes ?

Le témoin. — Les voici.

M. le président. — En effet, elles paraissent être de l'écriture de M. Halbout. M. Halbout n'est pas dans l'auditoire en ce moment ; nous attendrons son retour pour vider cet incident.

L'accusé. — J'ai donné des explications sur ce point ; les mémoires devaient servir à payer ce malheureux Chardet qui allait tomber en faillite.

François-Roch Varrillon, cinquante-huit ans, cultivateur. — J'ai été locataire de terres dépendant de l'asile des Aliénés. Je payais ma location entre les mains de M. Alexis Chevalier.

M. le président. — Ces sommes n'auraient pas dû être déposées dans les mains de l'huissier. Il vous donnait des reçus ?

Le témoin. — Non, on me faisait faire des mémoires pour les travaux de jardins.

Alexandre-Joseph Michel, cinquante-trois ans, percepteur de Gravigny. — A la fin de 1867, il me fut présenté deux mémoires, un de 900 fr. et l'autre de 1,000 pour fournitures de cailloux. par le maire de Gravigny ; j'ai payé, c'est-à-dire j'ai refusé d'abord de payer le premier mémoire parce qu'il n'y avait pas de crédit voté au budget et pas d'autorisation ni production de pièces.

M. le président. — A ce sujet, n'avez-vous pas reçu une visite ?

Le témoin. — M. Leloup, chef de division, est venu me dire que tout était régularisé et, en effet, le lendemain, on me produisit une délibération du conseil municipal contenant une dispense d'adjudication et l'ouverture d'un crédit ; je payai.

M. le président. — M. Leloup est-il présent ?

M. Leloup. — En effet, le maire est venu demander à la préfecture comment il fallait régulariser ce paiement, on le lui a dit.

M. le président. — Et la dispense d'adjudication, l'ouverture régulière de crédit, tout cela n'a pas pris plus de vingt-quatre heures ?

Le témoin. — C'est M. le préfet qui m'a envoyé chez M. le percepteur.

L'accusé. — J'en conviens bien volontiers.

M. le président. — Eh bien ! cette façon de procéder peut prêter à des critiques plus ou moins fondées.

L'accusé. — Oh ! l'irrégularité, je ne la conteste pas ; mais, de là à la criminalité, il y a un abîme.

Le témoin Guérin, maire de Gravigny, est décédé.

M. le président donne lecture de deux dépositions faites par ce témoin, alors âgé de soixante-onze ans, elles confirment les déclarations précédentes. Les mémoires fictifs de la commune étaient faits au profit de Duhamel, jardinier de la préfecture. La commune a touché sur le total 1 560 fr. seulement, et la préfecture a touché 1,900 fr.

M. le président. — Nous passons maintenant, messieurs les jurés, aux faits relatifs à l'accusé Vittecoq.

Alexandre Raimbert, quarante-quatre ans, entrepreneur à Saint-Léger.

Il m'était dû 4.200 fr dans la commune de Beaumont ; M. Ferret, l'agent-voyer, m'a fait venir pour signer des mémoires, puis une seconde fois pour toucher de l'argent. Les deux mémoires représentaient 6,000 fr. « Mais, dis-je, il ne m'est pas dû 6,000 fr. » Je le sais bien, me répondit-il ; mais vous garderez 4,000 fr., et vous donnerez les 5.000 autres à M Vittecoq pour continuer les travaux : « Ah dame ! il ne faut pas d'argent qu'à vous ! » Sortant de la recette, j'ai cherché M. Vittecoq, on m'a dit qu'il était à la gare, j'y suis allé avec M. Ferret et je lui ai remis l'argent.

M. le président. — Il vous était encore dû 200 francs ; les avez vous touchés ?

Le témoin — Deux ans après.

Alexandre Pattey, cinquante-neuf ans, conseiller municipal et adjoint à Beaumont le-Roger.

Vers les premiers jours d'octobre, M. Vittecoq et M le préfet étaient à la gare de Beaumont. M. le préfet me dit : « Vous êtes nouvel adjoint ; ne soyez pas trop sévère sur l'administration de M. Vittecoq ; passez l'éponge sur beaucoup de faits. »

Plus tard, en présence de M. le sous-préfet, M. le préfet nous dit : « Il y a dans votre comptabilité une somme de 6,000 fr. dont il ne faut pas vous occuper. »

Nous avons retrouvé la pièce surchargée ; en la comparant au registre des délibérations, nous vîmes que la pièce originale portait 4,000 fr. M. Vittecoq n'avait pas voulu convoquer son conseil municipal pour l'emploi de cette somme de 2,000 fr. de surplus. Nous n'avons donc pas été appelés à voter sur cet emploi. C'est la copie de la délibération qui a été surchargée, et, sur cette copie il a été touché 6,000 fr.

L'accusé Vittecoq. — J'avais dit au conseil municipal : « On nous promet 6,000 fr., il ne nous en arrive que 4,000. Quand les 2,000 fr. complémentaires arriveront, nous n'aurons pas besoin d'une nouvelle délibération, nous ferons une surcharge.

M. le président. — Ce serait alors une irrégularité, mais ce ne serait qu'une irrégularité ; mais pas un des membres du conseil municipal n'a pas entendu cela. Avez-vous quelque témoin qui vous ai entendu faire cette proposition?

L'accusé Vittecoq. — Comme ma conscience ne me reproche rien, je n'ai pas besoin de témoins. Il va venir des conseillers municipaux qui sont assignés à ma charge.

M. le président. — Il n'y a pas, en réalité, de témoins à charge et à décharge. Nous avons entendu ici M.M. les membres du conseil général cités à la requête du ministère public, et qui ont été loin d'être des témoins à charge.

L'accusé Vittecoq. — Eh bien! il y a ces deux témoins-là, Feugères et Bertrand.

M. le président. — Nous les entendrons

M. le procureur général. — Est ce que le témoin n'a point rencontré M. Janvier de la Motte à la Cour d'assises, dans une suspension d'audience ?

Le témoin. — Oui, il m'a reproché d'une manière très-vive d'avoir critiqué les actes de M. Vittecoq.

M l'avocat général Grenier. — Vous avez déclaré qu'il vous avait invectivé grossièrement.

Le témoin. — Et c'est la vérité.

L'accusé Janvier. — Il y avait une rivalité très vive entre deux partis dans la commune de Beaumont et il a fallu procéder à des élections municipales. La preuve que l'animosité était vive, c'est que la nouvelle administration s'est occupée des faits de l'administration précédente.

Le témoin. — Nous avons vu par la copie de la délibération surchargée que l'on avait touché plus qu'on ne disait ; nous avons voulu savoir où était passée cette somme.

M. le président. — C'était votre devoir.

L'accusé Janvier. — Quand j'ai rencontré M. Pattez, je lui ai dit que cette animosité était d'autant plus fâcheuse qu'il n'agissait pas en face, mais toujours par derrière,

L'accusé. — Ce n'est pas une comptabilité fictive. Tous les mémoires ont été produits au ministère de l'intérieur ; les sommes ont été dépensées.

M. le président. — Sans autorisation du conseil général et sans contrôle possible ?

Jean Félix Ferret, trente-sept ans, agent-voyer à Beaumont le-Roger.

Le temoin dit qu'il a expliqué très-clairement à Raimbert ce qu'il en était quand il lui a fait signer le mémoire des travaux.

M. le président. — Mais c'est une combinaison très immorale à laquelle vous vous prêtiez.

Le témoin. — Si j'avais su que les travaux ne dussent pas avoir lieu sur le chemin de Beaumont à Harcourt, comme l'indiquait la délibération du conseil municipal, je n'aurais pas approuvé les certificats

M. le procureur général. — Vous n'avez pas visé les deux mémoires signés par Raimbert ?

Le témoin. — Non, monsieur, je l'ai refusé.

M. l'avocat général. — Avez-vous demandé à M. Vittecoq si les travaux n'allaient pas continuer ?

Le témoin. — Sans doute, et M. Vittecoq m'a répondu « Monsieur le préfet m'a autorisé à conserver cet argent pour me rembourser des avances faites à la commune. »

M. l'avocat général. — Eh bien ! accusé Vittecoq, si, comme vous le disiez, votre conscience ne vous reproche rien, expliquez vous pourquoi vous n'avez pas répondu à M. Ferret que l'argent avait été reporté au préfet

L'accusé Vittecoq. — J'ai dit à Raimbert devant M. Ferret : « Reportez cet argent vous-même, je ne veux pas m'en charger de peur qu'on ne croie que j'en ai gardé quelque chose. »

Le témoin. — Oh ! ce n'est pas...

(Rumeurs dans l'auditoire).

M. le président. — Silence . Si pareil bruit se reproduit, la salle sera évacuée immédiatement; c'est la dernière fois que je donne cet avis

L'accusé. — J'ai été obligé de ne pas parler de M. le préfet, parce qu'il y avait des gens très mauvais qui étaient ses ennemis.

M. le président à Vittecoq. — Vous dissimuliez alors la vérité ?

L'accusé. — Oui, en ce moment, j'y étais obligé. (L'accusé s'anime et a l'air très-ému ; il a parfois des éclats de voix très forts).

Jamais je n'ai voulu profiter de cela, car la commune a tellement prospéré sous mon administration ! j'y ai fait faire des places, des écoles, des boulevards, etc., et cela me répugne de le dire, car je ne reprends pas par la main ce que j'ai donné par le cœur ; j'y ai dépensé moi-même plus de 10,000 fr. par an, et M. le préfet, je lui en ai soutiré aussi. Quant à Raimbert je ne l'avais jamais vu

Le témoin Fereet. — Il n'y a que M. Vittecoq qui ait été en rapport avec Raimbert.

M. le président. — Ces contradictions ont peu d'importance d'ailleurs.

En vertu de son pouvoir discrétionnaire, M. le président donne lecture de la déposition du nommé Larcher. ancien conseiller municipal à Beaumont-le-Roger.

François-Joseph Weber, secrétaire de la mairie de Beaumont.

Je suis accusé par M. Vittecoq d'avoir fait une surcharge sur la copie de la délibération du conseil municipal ; je proteste énergiquement contre cette accusation.

Ce n'est pas devant le conseil municipal qu'il m'a accusé. mais dans un libelle calomnieux intitulé : *République sans République.*

D. Oui ; ces brochures étaient imprimées à la préfecture L'accusation est abandonnée d'ailleurs.

L'accusé Vittecoq. — Non, ce n'est pas lui, mais je le croyais alors ; cela avait peu d'importance du reste ; je pensais que tout avait été fait honnêtement La surcharge dont je prends la responsabilité a été faite par un autre.

D. Voyez avec quelle légèreté vous accusez telle ou telle personne de faux.

L'accusé. — Je ne pensais pas que cela pût avoir une certaine importance. et je n'ai jamais eu l'intention de le traiter de faussaire.

D. Cela avait une grande portée à cause des brochures qui circulaient dans le pays, et auxquelles vous répondiez.

L'accusé. — On a trompé l'opinion publique et même M. le procureur général, mais tout cela sera éclairci dans les débats.

M le procureur général. — Pourquoi ne pas éclaircir ces faits tout de suite ?

Me Ducôté, défenseur de Vittecoq. — La pièce dont parle l'accusé Vittecoq est une délibération du conseil municipal que voici, et qui explique que le conseil a eu connaissance du fait.

L'accusé. — Mon conseil municipal m'a disculpé à cet égard. La pièce incriminée de faux était attachée à cette délibération.

M. le président. — Ce sera le débat entre l'accusation et la défense.

M. Aubourg de la Couterie, conseiller municipal de Beaumont-le-Roger.

Je fus chargé, dans la commission du conseil municipal, de vérifier la comptabilité de M. Vittecoq dans son exercice. Je trouvai la surcharge de 6,000 fr. au lieu de 4,000 fr. Nous recherchâmes le préjudice causé.

Un jour nous vîmes M. le Préfet Janvier qui nous dit : Vous trouverez dans les comptes de M. Vittecoq une somme de 6,000 fr., ne vous en occupez pas, cela me regarde seul et M. Vittecoq. Nous fûmes fort surpris de cela, et nous conçûmes de cette déclaration un certain soupçon de fraude, cependant nous recherchâmes ce que pouvait être devenue cette somme : et nous apprîmes qu'un nommé Rimbert avait touché ces 6,000 fr. pour une somme de 1,200 fr. qui lui était due, et que sur cette somme, pour laquelle il avait signé les mandats, il remit cinq rouleaux en cartouches à M. Vittecoq.

Nous demandâmes des comptes sur ce fait. M. Vittecoq fit à ce sujet là des libelles indignes...

M. le président. — N'entrons pas sur ce terrain-là, je suis certain que la défense ne voudra pas non plus y entrer. D'ailleurs, on sait maintenant la route prise par cet argent, il a été remis au préfet Janvier.

Pierre-Alexandre Feugère, cinquante-hui ans, conseiller municipal à Beaumont-le-Roger.

Le témoin déclare que M. le maire Vittecoq a en sa présence, averti le conseil municipal, qu'il y aurait un second mandat de 2,000 fr., que l'on ferait une surcharge et qu'il n'y aurait pas besoin d'une nouvelle délibération.

Louis-Crépin Bertrand, cinquante-huit ans, cultivateur.

Le témoin, membre du conseil municipal en 1864, fait une déposition semblable. Cette proposition a été faite par le maire en plein conseil municipal.

Il est une heure un quart, l'audience est suspendue. Elle est reprise à deux heures un quart.

M. le président. — MM. les jurés, l'accusé Vittecoq. interrogé sur les mentions d'une certaine note trouvée après une tournée de révision, note dans laquelle des mentions particulières étaient dirigées contre M. Deshailles, a répondu que M. Deshailles avait fait beaucoup de mal au pays. Sa veuve s'est émue et elle m'a écrit une lettre. Elle désire que sa protestation soit publiquement communiquée à cette audience.

Noël-Jacques Lefebvre-Duruflé, quatre-vingts ans, ancien président du conseil général de l'Eure. Ma première impression est que ma conscience et ma raison se refusent à croire à la criminalité des actes imputés à M. Janvier. Cette impression. je l'ai prise dans l'examen de ses actes. Depuis quarante ans, je fais partie du conseil général de l'Eure ; si je me rends bien compte de l'accusation, elle comprend quatre ordres de faits principaux : le voyage de l'empereur. la fête du pont d'Andé, le concours régional, et enfin les fonds cotonniers. Sur le premier point, le conseil général et moi, en particulier, n'avons pas ignoré que M. Janvier avait été forcé de faire des emprunts.

M. le président. — Et le conseil général aurait-il approuvé les mémoires fictifs?

Le témoin. — Il aurait demandé des explications. Il n'y avait pas de crédit voté ; mais nous sûmes que l'empereur allait passer dans quinze jours au plus tard et qu'il y aurait des dépenses à faire.

M. le président. — Dans le rapport du préfet, étiez-vous prévenu de cette nécessité?

Le témoin. — Le rapport était prêt et le temps manquait pour le modifier.

M. le président. — Et une communication verbale?

Le témoin. — Je ne m'en souviens pas. A la session qui suivit, on produisit un mémoire de 14.000 fr. qui fut approuvé et à la session d'après nous approuvâmes un second mémoire d'environ 4,000 fr., en tout environ 18 ou 20,000 fr.

Personnellement je ne doutais pas qu'il ne fallût recourir à quelque moyen de comptabilité pour couvrir les emprunts, les fournisseurs ne pouvant attendre le règlement de trois ou quatre exercices.

M. le président. — Quand on emploie des moyens exceptionnels, ne doivent-ils pas être soumis au conseil général ?

Le témoin. — Ce serait peut-être plus régulier

M. le président. — C'eût été certainement plus régulier. Permettez-moi d'insister là-dessus. Il ne faut pas laisser dire en public que l'on puisse avoir recours à une comptabilité irrégulière pour les deniers publics.

Le témoin. — Quant aux fêtes du pont d'Andé, les affaires publiques m'avaient retenu à Paris Quand je revins à la session suivante. M. le préfet nous avertit de son projet et de son intention d'appeler les populations à tout ce qui se faisait de bien dans le département.

M. le président. — C'est très louable ; mais pourquoi n'en pas faire voter les fonds d'avance?

Le témoin. — D'abord la fête n'était pas certaine, puis, il est assez difficile de faire d'avance le programme d'une fête. M. le préfet nous dit : « Nous trouverons des fonds dans les subventions des communes et même s'il le faut dans les chemins vicinaux. » C'est une conversation que je vous rapporte.

M. le président. — Je le crois, autrement il serait fâcheux que l'on ait pu projeter officiellement l'emploi de fonds destinés à des besoins, pour une fête.

Le témoin. — Pour le concours régional les dépenses sont plus considérables, il était désiré par le préfet et le conseil général. Il y avait un avantage moral, matériel, de prospérité générale à ce projet. Le conseil général désira un concours hors ligne ; M. le préfet, par son tempérament, était naturellement porté à partager cette opinion.

Le conseil vota une somme de 30,000 fr., dont 20,000 fr. pour le département et 10,000

fr. pour la ville dans laquelle se ferait le concours. La dépense s'éleva en totalité à 194,000 fr. environ. Elle était couverte en partie par le crédit voté et les subventions communales. Il restait une dette de 40,000 fr. qui furent votés par le conseil général. Un an après, la ville d'Evreux adressa des réclamations ; elle se refusait à payer la somme de 26,000 fr. qu'elle avait votée.

Il y eut nécessité, par suite de difficultés, de réviser les comptes l'année suivante et le conseil donna satisfaction aux prétentions de la ville d'Evreux en votant les 27,000 fr. qui étaient encore réclamés. Il fut déclaré que M. le préfet avait rendu des comptes fidèles et que les recettes balançaient parfaitement les dépenses.

M. le président. — C'était une comptabilité parfaitement régulière aux yeux de la commission des comptes ?

Le témoin. — Oui, monsieur, aux yeux de la commission des comptes.

Maintenant, nous arrivons aux fonds cotonniers, je cherche autant que possible à suivre l'acte d'accusation.

M. le président. — Ce n'est pas l'acte d'accusation qui doit vous inspirer, ce sont vos souvenirs.

Le témoin. — Le secours de cotonniers ne ressortissait pas précisément du conseil général c'était une subvention de charité de l'autorité supérieure ; il y avait bien eu une souscription départementale, mais elle n'avait rien d'officiel. Cependant, le bruit public s'étant occupé de la façon dont la distribution de ces fonds avait été faite, M. le préfet, de son propre mouvement, nous donna des justifications. La commission examina les pièces produites, les trouva régulières, et sur le rapport de M. d'Osmoy, la commission se déclara satisfaite.

M. le président. — Quels sont les autres faits dont vous avez connaissance ?

Le témoin. — Il n'en est pas d'autres. Mais, au point de vue général, je dirai que l'on m'a parlé de faux mémoires et de concussions ; ma raison se refusait à concevoir que des pièces soumises au conseil général pussent entraîner une pareille accusation.

M. le président. — Et le concevez-vous maintenant?

Le témoin. — Pas davantage. On m'a expliqué de quoi il s'agissait et, par un mode de comptabilité que je n'approuve pas, par un mauvais procédé que malheureusement on est forcé parfois d'employer, je pense que M. le préfet a été entraîné à faire ce qu'on appelle des mémoires fictifs. Ces mémoires fictifs sont souvent employés dans l'administration quand se présente la nécessité d'urgence d'une dépense immédiate quand il n'y a pas de fonds votés.

Il arrive souvent que le préfet ne peut faire les avances de sa bourse, et, de leur côté, les fournisseurs ne peuvent attendre deux ou trois ans. Il faut donc emprunter, et, par des mémoires fictifs, couvrir ces dépenses en remboursant les emprunteurs. Cela se fait dans beaucoup d'administrations.

M. le président. — Non, non, il ne faut pas

ainsi généraliser et faire de ces moyens une théorie. Il ne faut pas laisser croire que ce qui s'est passé dans l'Eure a été fait par d'autres préfets.

Le témoin. — Ce que je dis ne peut attaquer personne, je reconnais que ce procédé est parfaitement irrégulier, et je dis seulement qu'il faut y avoir recours quelquefois.

M. le président. — Oui, quelquefois.

Le témoin. — Le conseil général a approuvé ces mémoires que, du reste, il croyait réguliers.

— M. le président. — Et personne ne songe à critiquer l'approbation dans ces termes du conseil général.

Le témoin. — J'arrive à deux mémoires qui ont donné lieu à des observations de la Cour des comptes, l'un de 2,100 fr. de timbres-poste ; pour des timbres-poste c'était beaucoup, mais on y avait compris bien des frais divers de messagerie. C'est ce que l'on a répondu au ministère qui l'a communiqué à la Cour des comptes qui y a bien vu une irrégularité, mais pas l'ombre d'une criminalité.

M. le président. — La cour des comptes n'a pas à s'occuper de la criminalité.

Le témoin. — Pardon, si elle croit qu'il y a une criminalité quelconque, elle peut renvoyer les pièces à M. le garde des sceaux ; c'est même son devoir.

M. le président. — Comme toutes les administrations publiques, c'est leur devoir de provoquer des poursuites.

Le témoin. — C'est à peu près la même chose pour le mémoire de 5,000 fr. du loueur de voitures. On a fait observer à la Cour des comptes que ce mémoire comprenait des transports de toute sorte. En résumé, un mémoire fictif ne peut être comparé à un faux s'il sert à couvrir des dépenses réelles.

M. le président. — C'est ce qui sera discuté entre le ministère public et la défense.

Le témoin. — J'expose ma conviction. Mon Dieu ! moi même, j'ai fait observer à M. Janvier à quels dangers il s'exposait par sa nature ardente, qui voulait tout faire, et tout de suite, et bien Je lui disais : Prenez garde, respectez les formes.

On a parlé de l'intelligence de l'accusé, et on en a fait presque un argument contre lui ; oui, c'est un homme d'une intelligence exceptionnelle. Quant aux passions, qu'on lui reproche avec justice, laissez-moi dire qu'il y avait à côté de ces passions mauvaises des passions généreuses et un cœur excellent.

Me Lachaud. — Le témoin n'a-t-il pas pensé, comme le conseil général, que toutes ces dépenses invoquées par le préfet ont dû être faites ?

Le témoin. — Sans doute, M. Janvier est incapable d'avoir eu un centime des deniers de l'Etat, et si je puis donner mon appréciation tout entière, je penserai plutôt...

M. le président. — Qu'il aurait payé des dépenses de sa fortune personnelle ?

Le témoin. — Mon Dieu, oui.

M. Arribault, ingénieur en chef des ponts et chaussées à Evreux.

Le témoin a expertisé le mobilier de l'asile des Aliénés ; il est arrivé à cette conclusion que les mémoires du sieur Chérel étaient énormément exagés.

M. le président. — Oui, sur une dépense de près de 3 millions pour l'asile des Aliénés. l'Etat a payé en trop 141,954 fr.

Francois-Ernest Lebarbier, économe de l'Hospice-Général à Rouen.

J'ai procédé à l'expertise du mobilier des aliénés d'Evreux ; j'étais seul, j'ai relevé tous les comptes et les factures des fournisseurs.

J'ai comparé le tout avec les prix courants. J'ai trouvé une certaine exagération mais peu importante. J'ai vu qu'on s'était abstenu jusqu'en 1868 le faire des adjudications, ce qui est le mode administratif. J'ai pensé qu'il fallait réduire bien des sommes. On n'avait point non plus observé les délais nécessaires prévus par le décret de 1832 et qui donnent le temps à la concurrence de se produire.

Quant à la fourniture faite par M. Racault, la facture soldée était supérieure de 10,000 fr. au devis primitif. Je connais point la cause de cette majoration.

L'accusé Janvier donne des explications sur la nécessité des adjudications en matière administrative ; il constate plusieurs faits : D'abord que l'hospice des aliénés d'Evreux a été convenablement meublé, et qu'en outre il y avait une grande urgence, à cause de l'affluence des malades qui devaient arriver des autres départements. (L'accusé Janvier s'anime en donnant ces développements.)

Je n'ai pas fait, dit-il, un seul marché sans qu'il eût été recommandé comme urgent par le directeur de cet établissement, un homme très-intelligent ; mais je ne pouvais entrer dans tous les détails. Je sais d'ailleurs que toutes les mesures de publicité désirables ont été prises.

J'ai eu une correspondance avec le ministère de l'intérieur relativement à ces marchés, à la suite de laquelle il a parfaitement compris mes observations.

M. le président donne lecture des lettres du ministère de l'intérieur qui trouve de grandes irrégularités dans tous les faits relatifs aux dépenses de l'asile des aliénés, refuse toute espèce d'autorisation et constate qu'après certains faits accomplis dans de mauvaises conditions, le ministère était obligé, dans des termes sévères, de blâmer les procédés du préfet de l'Eure, et néanmoins de donner son approbation, à des faits désormais accomplis. Ces lettres constatent notamment que pour le mobilier de l'hospice d'Evreux les lits revenaient à 100 fr., alors qu'à Paris, dans des hospices luxueux, il n'en coûtaient que 85.

M. Léon Vanault, quarante-deux ans, expert en écritures, demeurant à Paris.

M. l'expert a examiné le mémoire Boussavit. Il a trouvé la minute du mémoire s'élevant à 2,490 fr. ; il a trouvé aussi, au domicile du décédé, la dépêche télégraphique lui donnant rendez-vous à la gare ou rue d'Enghien, et, à la même date, les livres constataient le solde du mémoire par 2,950 fr., c'est-à-dire 100 fr. de plus qu'il n'était dû.

Les livres du bijoutier Boucheron, au Palais-Royal, constatent que l'accusé a acheté dans cette maison pour 146,000 fr. de bijoux, dont il faut déduire 30,000 fr. de bijoux achetés pour son mariage et les cadeaux faits à des artistes dramatiques.

M. l'expert a examiné les livres de la maison Racault. Il confirme les faits tels qu'ils se sont présentés dans l'acte d'accusation, c'est-à-dire le paiement de la chambre de la préfecture aux dépens de la préfecture.

M. le président — Ce sont là des détails sur lesquels il ne faut pas insister.

L'accusé, vivement.—Pardon, il faut insister sur les fait de probité.

M. le président.— La chambre à coucher qui a coûté 12.000 fr. était pour Henriette Renaud ; est-ce là-dessus que vous voulez insister.

L'accusé.— Je l'ai payée.

M. le président.— Mais vous étiez marié.

L'accusé.— Pardon, j'étais veuf.

M. le président. — Mais vous étiez père de trois enfants mineures... Il n'y a pas dans cette situation de quoi justifier une attitude aussi fière. Maintenant, voulez-vous vous expliquer sur la chambre de la préfecture ?

L'accusé.— Je l'ai fait. (L'accusé reproduit les explications qu'il a données sur ce point à une précédente audience.)

M. le président.—18,000 fr c'était une chambre un peu chère.

L'accusé.— Le conseil général aurait approuvé ce que j'ai fait à cette occasion.

M. le président.—C'est bien cher cependant; mais lui en avez-vous fait au moins la confidence ?

MM. de Blosseville et de Lagrange, membres du conseil général, témoins déjà entendus, et interpellés par M. le président, ne se rappellent pas en avoir entendu parler. M. Lefebvre-Duruflé croit s'en souvenir.

Bernard Colin, fabricant de meubles, faubourg St-Antoine, à Paris.

Ce témoin était l'associé de M. Racault et il est son successeur. Il a été chargé par M. le préfet de l'aider dans ces achats. Le témoin proteste qu'il n'a pas acheté cher, que la précaution contraire est une attaque à sa probité ou au moins à sa capacité commerciale. Les prix des fournitures Racault n'ont été nullement exagérés, et il est assez extraordinaire que les experts aient cru pouvoir formuler leur conclusion après une expertise sur des objets achetés cinq ans plus tôt et qui servaient depuis cinq ans.

M. le président demande au témoin ce qu'il sait de la dernière adjudication de 1868.

Le témoin — Ce n'est que la veille de l'adjudication que, par hasard, j'ai été prévenu à Paris. Il est vrai qu'un concurrent sérieux, MM. Gonjon et Chateau ont été écartés de l'adjudication ; mais je sais pertinemment, puisque j'ai vu le chiffre de leur soumission, qui était supérieur ou mien de 300 fr.

L'accusé,— Si j'avais voulu favoriser M. Ra-

cault ou Colin, je l'aurais prévenu d'avance.

M. le président.—Mais on vous reproche aussi ceci, que les prix de l'adjudication ont été les même que ceux du marché de gré à gré que le ministre n'avait pas admis.

L'accusé. — Cela prouve aussi que le prix du marché de gré à gré n'était pas exagéré, et, si le prix de l'adjudication l'était, je ne puis y être pour rien ; ce n'est pas moi qui fais le prix d'une adjudication.

M. Colin, sur le paiement de la chambre à coucher de la préfecture par le département, explique que c'est l'accusé Bourguignon qui l'a invité à porter sur le mémoire, jusqu'à concurrence de 10,000 fr le prix de la chambre à coucher. Du reste, ajoute-t-il, on passait au compte: « Asile des aliénés, » ce qui aurait pu être porté au compte : « Mobilier de préfecture. » Voilà tout, mais en somme la préfecture n'a pas payé un sou de plus que ce qu'elle devait

M. le président. — Voilà qui indique combien était difficile la vérification du conseil général.

M. Louis-Auguste Huet, quarante-cinq ans, marchand de nouveautés à Evreux. - En 1868, j'ai été soumissionnaire pour les fournitures de l'Asile des aliénés Je crois avoir rempli les clauses et conditions du cahier des charges et les conditions d'une fourniture loyale.

M. le président. — Est-ce que vous n'avez pas passé un marché de gré à gré avec le préfet ?

Le témoin. — C'est-à-dire que j'ai présenté un projet de marché de gré à gré que M. Janvier devait soumettre au ministre. Le ministre ne l'aura probablement pas admis, car je n'ai rien fourni alors.

M. le président. — Enfin, vous avez fait un marché de 57,000 fr. environ, que le ministre a repoussé en exigeant une adjudication qui a été faite en mars 1868, mais les délais de publication n'ont pas été observés, et le ministre avait aussi rejeté cette adjudication, et il n'a consenti plus tard à l'approuver que pour ne pas nuire aux intérêts des fournisseurs, et cela sur les prières du nouveau préfet, M. Tourangin.

Le témoin. — Moi, je ne sais rien de tout cela; je suis simple adjudicataire au même titre que les autres négociants de la ville d'Evreux. J'ai agi loyalement, je n'ai pas vendu trop cher, et l'acte d'accusation attaque ma réputation commerciale.

M. le président. — D'abord, ne vous animez pas. Les témoins ne sont pas ici des accusés ni des avocats pour réfuter l'acte d'accusation.

Le témoin. - Il est désolant qu'un négociant loyal, un père de famille comme moi soit ainsi désigné...

M. le président. — Taisez-vous, et retirez-vous.

Messieurs les jurés, la liste des témoins à charge est épuisée. Nous renvoyons à demain l'audition des témoins à décharge.

L'audience est levée à quatre heures et demie.

Audience du 1er Mars 1872

Un dernier témoin cité à la requête du ministère public est appelé :

Jacques François, marquis de Chambray, quarante-trois ans, conseiller général de l'Eure.

La plupart des faits incriminés sont antérieurs à mon entrée au conseil général en 1866. Après le départ de M. Janvier en 1868 et 1869, les déficits antérieurs ont été examinés ; ils s'élevaient par chaque année à 48,000 francs ou 50,000 francs.

M. le président. — C'était sous l'administration de M. Tourangin.

Le témoin. — Oui, monsieur. La plupart de ces dépenses s'appliquaient bien à des dépenses du département, aucun de nous ne supposait des mémoires fictifs ; mais enfin ces dépenses n'ayant pas été votées par le conseil général et étant irrégulièrement faites, je proposai avec un de mes collègues de les laisser à la charge personnelle de M. Janvier de la Motte. Ma proposition ayant été repoussée, je refusai de signer la délibération.

M. le président. — Oui, le conseil général a été porté à approuver ces dépenses dans l'intérêt des fournisseurs.

TÉMOINS CITÉS A LA REQUÊTE DE LA DÉFENSE.

Jean Baudry, 62 ans, médecin en chef des hospices, à Evreux. — Il y a quarante ans que je suis médecin à Evreux. Je ne m'occupe pas des affaires publiques, mais je sais qu'il n'y a pas de préfet de l'Eure, bien que tous aient été d'excellents administrateurs, qui ait droit comme M. Janvier à la reconnaissance du département. Il a été bon, il a été généreux, il a fait de grandes et bonnes choses.

Me Lachaud. — Le témoin peut-il nous dire ce qu'il sait de l'asile des aliénés ?

Le témoin. — C'est à M. Janvier de la Motte, à son initiative, à son activité, que nous devons la construction et la fondation de cet établissement, que MM. les préfets, ses prédécesseurs, avaient en vain tenté d'exécuter. Cet établissement est aménagé d'une façon merveilleuse, et il rend les plus grands services aux départements, c'est une merveilleuse institution. Si je ne craignais d'être trop long...

M. le président. — Non, monsieur, vous n'êtes pas tenu d'abréger vos déclarations. Dites tout ce que vous savez.

Le témoin. — Je parlerai donc des nombreux secours donnés par M. le préfet sur les fonds destinés à l'industrie cotonnière.

Le témoin cite de nombreux exemples des générosités du préfet ; il cite en outre le fait d'un secours accordé par son successeur M. Tourangin, mais sur les fonds laissés par M. Janvier à son départ.

L'accusé. — M. le docteur Baudry, avec les meilleures intentions du monde, commet une erreur à cet égard ; je n'ai laissé aucun fonds sur les secours pour la crise cotonnière.

Le témoin. — L'erreur s'explique par...

M. le président. — Elle est excusable et excusée.

Le témoin. — M. Janvier de la Motte ne s'est pas contenté d'accorder, de répandre des secours d'argent. Lors de l'invasion du choléra, il allait auprès du lit des cholériques, leur prenait la main, les consolait, les encourageait. Comme médecin, personne ne sait cela mieux que moi. Enfin s'il a été accusé d'avoir mis de l'argent dans sa poche c'est que sa poche était largement percée au profit des malheureux. Enfin le département lui doit sa richesse, sa prospérité, le concours régional, l'asile des aliénés et tout ce qui a été créé de bon, d'utile et de grand dans le département.

M. Avril de Burey, avocat au barreau d'Evreux. — Comme commandant de la compagnie des pompiers d'Evreux, j'ai eu souvent l'occasion d'avoir connaissance de la générosité charitable de M. Janvier. Quand je lui ai demandé un secours pour un de mes hommes, et il y avait parmi eux nombre d'ouvriers malheureux, je n'ai jamais fait cette demande en vain. Quand il donnait directement un secours à un indigent, c'était toujours de l'or et le plus souvent une pièce de 20 fr.

L'accusé. — Je demanderai au témoin si, lors du concours régional, il ne m'a pas vu distribuer des sommes aux ouvriers pour les engager à travailler ?

Le témoin. — Je lui ai vu distribuer de l'or à des ateliers entiers, et je lui ai dit souvent : mais vous tirez toujours l'or de votre poche, comment rentrerez-vous dans votre argent ? et il m'a répondu : Allons donc ! Vous vous méfiez toujours. Cependant, depuis ce temps je l'ai entendu souvent dire aux maires : Messieurs, vous me ferez parvenir demain des reçus à la préfecture.

M. Lemrez père, ancien avoué à Evreux. — J'ai eu avec M. Janvier de nombreuses relations d'amitié et d'affaires. J'étais administrateur de l'hospice et ma femme était dame de charité ; j'ai donc eu l'occasion d'apprécier de nombreux actes de générosité de M. le préfet de l'Eure. Il est arrivé une fois que je m'adressai à lui pour une charité cachée : il s'agissait d'une famille bien malheureuse ; je fus très étonné de recevoir une dizaine de louis dans une enveloppe. Je m'affligeais de voir M. Janvier faire ce don personnellement quand je m'adressais à l'administrateur. Une autre fois, il a payé de la même façon la dot d'une jeune fille orpheline que l'on voulait placer dans un couvent.

M. Bouvard, quarante-trois ans, agent-voyer, à Montaure. — M. Janvier a envoyé dans une lettre, adressée au maire de Montaure, pour la construction d'un chemin. Du reste, j'ai été témoin de nombreuses générosités de M. le préfet dans sa tournée dans l'arrondissement. Le témoin cite en effet plusieurs dons faits de cette manière par le préfet.

Joseph Roussan, quarante-six ans, percepteur à Bernay.

Je connais M. Janvier depuis vingt ans, j'ai été son chef de cabinet, je l'ai suivi à Dinan, à Saint Etienne et à Mende. Dans la Lozère, pays pauvre, il s'est montré très ménager des deniers publics. Dans l'Eure, département riche, il a agi tout autrement. Sa générosité était très grande. Je l'ai vu une fois entre autres arriver à midi à un chef-lieu de canton, ayant dans ses poches 12 ou 15,000 fr., à cinq heures du soir, il n'avait plus rien, il avait tout distribué. Il emprunta à M. Simon, maire, une certaine somme restituée dans les vingt-quatre heures, et quand il partit vers minuit il avait de nouveau vidé ses poches.

M. le président. — Avez-vous traité une certaine négociation pour M. Janvier avec M. Emile Vy ?

Le témoin. — En effet, je me suis rendu avec une lettre de M. Janvier auprès de M Emile Vy; je ne sais pas si la proposition a abouti.

M. le président. — Non, elle n'a pas abouti, parce que l'administration municipale de Bernay a vu là une déplorable irrégularité et elle s'est montrée plus scrupuleuse que l'administration préfectorale.

Le témoin. — Je n'en sais rien.

M. Edgard-Raoul Duval, trente-neuf ans, député, avocat, demeurant à Rouen. — Je n'avais pas connu M. Janvier avant 1867. En 1867, M. Janvier a épousé la veuve d'un de mes cousins-germains. Les deux beaux-frères de M. Janvier à Nantes sont mes amis les plus intimes. Mgr l'évêque de Nantes, me parlant du mariage, me demanda cependant s'il n'y avait pas quelques garanties à prendre. En raison de sa prodigalité bien connue, je pensai qu'il fallait s'en tenir au régime dotal le plus strict.

Je dois dire que je rencontrai chez lui le plus complet désintéressement ; il me laissa discuter le contrat comme je l'entendais. Mme veuve Say avait une fortune de deux millions; mais, comme les habitudes de prodigalité de M. Janvier devaient me faire penser qu'il pourrait y avoir à parer à quelques engagements antérieurs laissés à l'écart, je conseillai de laisser en dehors du régime dotal une certaine somme, ce qui fut convenu. M. Janvier était généreux jusqu'à la prodigalité; ainsi il n'avait pas que des créanciers, il avait des débiteurs. Il avait prêté des sommes fort importantes ; j'ai pu en faire rentrer une partie, mais je n'ai pu faire rentrer tout.

J'étais avocat général à Bordeaux, et tout mon désir était d'être appelé dans ce pays où j'ai mes principales relations de famille. Mme Janvier, qui était à Forges, m'écrivit qu'elle avait des inquiétudes et que des réclamations se produisaient. Je vis M. Janvier; il n'avait pas tenu de comp-

tabilité, et, pour avoir des renseignements exacts sur ses engagements, je fus très-heureux de trouver un homme honnête et dévoué que je tiens pour l'égal de nous tous. J'ai pour lui la plus grande estime, et hier encore, le rencontrant dans la ville de Rouen, je me suis honoré en lui serrant la main et en lui demandant : « Eh bien, Chevalier; la santé est-elle bonne ? »

Le témoin donne des détails très-étendus sur la liquidation dont il a pris les charges et la responsabilité. Il a demandé personnellement à M. Janvier des explications formelles sur les bruits qui couraient, quant à l'emploi des fonds cotonniers et au fait de Beaumont-le Roger.

M. Janvier, ajoute le témoin, qui était un peu abattu quand nous lui parlions de ses affaires personnelles, de ses dettes, releva la tête devant une question dans laquelle sa probité était en jeu.

Il ne se contenta pas d'une énergique protestation, mais il exigea que je prisse connaissance des dossiers de cette affaire. Je ne pouvais lui refuser cet examen, car vous comprenez qu'il m'était pénible de faire des reproches de ce genre à un homme de mon monde, à un galant homme, allié dans ma famille à des personnes que j'estime et que j'aime. Cet examen, du reste, me satisfit complétement. Je laisse à MM. les jurés la liberté de leur impression à cet égard ; mais telle a été mon impression personnelle.

Le témoin continue l'historique de la liquidation. Quant aux dettes contractées à Evreux, il y a eu de tout à payer. La générosité trop souvent irréfléchie de M. Janvier lui avait créé des embarras pour les dépenses qui n'étaient pas les siennes. Il a fallu payer des musiques de pompiers, des chasubles ; on a payé de tout, et M. Janvier donnait très-facilement sa signature à des intermédiaires très-véreux.

Il est arrivé que ces intermédiaires, ne pouvant plus faire de l'argent avec la signature de M. Janvier achetaient de la marchandise avec ; mais dans toutes les opérations véreuses, il ne s'est jamais manifesté ni une lettre ni une signature personnelle de M. Janvier. On se trouvait donc en face de prêteurs usuraires. Toutes les autres dettes furent payées intégralement avec des intérêts à 5 pour cent.

Dans les intentions du témoin la créance de Racault, pour la chambre à coucher de 12,000 fr., en raison de la destination de ces meubles, n'a pas été payée sur la fortune de Mme Janvier; mais des deniers de la famille de M. Janvier lui-même. M. Colin fit savoir au témoin que c'était à l'instigation d'un avoué d'Evreux nommé Alaboissette, l'ennemi personnel de M. Janvier de la Motte. Sans doute, M. Janvier avait eu des torts envers M. Alaboissette, puisque le tribunal d'Evreux l'a condamné pour cela ; mais enfin quand M. Alaboissette a assigné M Janvier en déclaration de faillite, c'était, selon moi, un procédé de chantage. Je ne connais pas Alaboissette, mais...

M. le président. — Mais vous l'attaquez ?

Le témoin. — Mais, j'apprécie très nettement ses actes, tels qu'ils m'ont été révélés par les procédures. En somme, tout ce qui était dû a été payé, capital, intérêts et frais, et cette liquidation a été très-honorable pour tout le monde. Les bases en ont été arrêtées en présence de M. Pinard, ancien ministre et du regretté M. Troplong, qui savait tout ce que le caractère de M. Janvier pouvait avoir de défectueux au point de vue de la prodigalité, mais qui cependant lui a prodigué jusqu'au dernier moment les marques d'estime.

M. le président. — Pouvez-vous nous donner le total approximatif des sommes qui ont été payées à chacune de liquidations.

Le témoin.— La somme payée s'est élevée à 440,000 fr. Les paiements de la seconde liquidation en 1868 se sont élevés à la somme de 661,000 fr. Le total de ces deux paiements est de environ 1,000,000 fr.

Un juré.—A quelle époque a été fait le dernier paiement ?

Le témoin.— En 1868, dans le cours de l'année, je ne puis fixer la date.

Le juré.— Et la première liquidation ?

Le témoin.— En 1861.

Maintenant je désire ajouter que, malgré ses prodigalités irréfléchies, M. Janvier n'était pas dans une situation qui, comme on sait vulgairement, met sa famille sur la paille. Ainsi, sa première femme était plus riche encore que sa seconde. A son décès, chacun des enfants avait en attribution 1,050,000 fr. Il se disait donc : « Mes enfants ont une très-belle fortune, et si, sur ma fortune personnelle, j'ai mangé 3 ou 400,000 fr., il n'y a pas grand mal. »

Du reste, il a agi vis-à-vis de ses enfants avec le même désintéressement qu'avec les autres personnes, il n'a même pas réclamé tout ce qui lui revenait.

M. le procureur général. — Vous avez parlé d'explications que M. Janvier vous a données sur l'emploi des fonds cotonniers ; vous rappelez-vous les chiffres ?

Non, monsieur le procureur général, et d'ailleurs, si je les citais, je serais en dehors de mon rôle de témoin, car je les ai vus dans l'acte d'accusation. A ce propos je me rappelle ce qui m'a été raconté par M. le duc d'Albuféra : dans l'enquête faite par les juges de paix, il a été procédé par *monitoire* comme cela se faisait autrefois.

M. le président. — Un seul juge de paix a fait cela et il a été blâmé : puis est intervenu la circulaire de M. le garde des sceaux, circulaire dont j'ai donné lecture à MM. les jurés.

Le témoin. — Enfin le fait est là.

M. le président. — Mais c'est un fait unique et qui a été blâmé.

Le témoin. — On avait affiché dans une commune l'invitation aux habitants de dire tout ce qu'ils pouvaient savoir sur M. Janvier, « ex-préfet de l'Eure de l'ex-empire. »

M. le président. — Il est regrettable que l'on n'ai pas conservé une de ces affiches pour la produire.

Le témoin. — Monsieur le président, je l'ai vue et j'ai lu moi-même ces mots : « Ex-préfet de l'Eure de l'ex-empire. »

M le président. — MM. les jurés, en vertu de notre pouvoir discrétionnaire, nous vous donnons lecture de la déclaration de M. Alaboissette, avoué à Evreux.

M Alaboissette, âgé de cinquante-sept ans, avoué à Evreux, déclare relativement à l'affaire Racault, qu'il reçu des pièces relatives à cette poursuite contre M. Janvier, en 1868, des mains de M. Duwarney père, avocat à Evreux, à qui elles avaient été transmises par M. Magner, demeurant à Paris.

Il n'a jamais vu M. Magner ni M. Racault, ni il n'a correspondu avec eux en aucune façon, ce qui résulte des termes d'une délibération de la chambre des avoués d'Evreux.

Tel est le point de départ des poursuites que M. Alaboissette a exercées contre M. Janvier. Un jour, il reçut avis, par M. Duwarney que la créance était payée ; mais le témoin a même ignoré par qui le paiement avait été effectué. A l'appui de ces explications M. Alaboissette a déposé les mémoires de M. Racault, le pouvoir et la requête présentée à fin d'assignation.

M. le président donne lecture du texte de la délibération de la chambre des avoués d'Evreux qui, attendu que M. Alaboissette a reçu le pouvoir et les instructions des poursuivants des mains d'un membre du barreau d'Evreux et qu'il s'est strictement conformé aux instructions données ; et qu'il n'a nullement manqué aux règles de sa profession, la chambre, à l'unanimité, déclare que M. Alaboissette a agi dans cette affaire avec loyauté et modération et qu'il n'a encouru aucun blâme.

Pierre-François d'Eté, soixante et onze ans, capitaine retraité.

Je demeure dans la commune de Barneville. J'étais maire de la commune de 1869 à 1870.

Le témoin énumère les travaux, routes, presbytère, etc. qui ont pu être accomplis dans sa commune, grâce à la générosité de M. Janvier.

Il sait aussi que pendant la crise cotonnière, le préfet a donné de nombreux secours aux ouvriers.

Léon d'Assonvillet, quarante-huit ans, maire de Bosguérard. — Dans les différentes réunions publiques, j'ai vu M Janvier distribuer de l'or, comme nous donnerions quelques pièces d'argent. Sa générosité était très-grande, bien connue et bien appréciée dans ma commune surtout, dont il est le bienfaiteur.

Pierre-Charles de Boisguilbert, cinquante-sept ans, propriétaire à Château-de-Saint-Pierre.
— En 1866, on nous montra une digue qui n'avait pu m'a-t-on dit, être construite que grâce à la générosité de M. Janvier.

M. le président. — Mais c'est aussi une générosité du conseil général ?

Le témoin. — Je n'en sais rien ; mais j'ai été témoin, en outre, de nombreuses distributions d'argent.

M. d'Ernemont, cinquante-deux ans, propriétaire à Neuilly. — J'ai reçu de M. le préfet un secours que j'avais demandé pour une pauvre famille.

M. le procureur général. — Comment ce secours vous est-il parvenu ?

Le témoin. — Par un mandat.

M. le président. — Dans ce cas c'est une générosité du département.

M. Quesnet cinquante-huit ans, docteur
médecin. — Je n'ai connu M. Janvier que comme
ami. J'ai eu des misères à lui signaler et il les
a soulagées

François-Désiré Lemenu, cinquante ans,
notaire au Neubourg.

J'ai été maire pendant douze ans ; j'ai remarqué chez M. Janvier une grande générosité ;
toute personne qui lui tendait la main recevait
quelque chose. Il a donné des secours par mandat et de la main à la main.

Ferdinand Cherrier, quarante-deux ans, farinier à Charleroi.

En 1863, dans une tournée que fit M. Janvier
dans la vallée d'Andelle, j'eus l'honneur de le
recevoir. A la fin du dîner, auquel assistaient les
maires, je vis M. le préfet leur distribuer, pour
leurs communes, des secours que je ne puis
évaluer à moins de 4,000 à 5,000 fr. En outre,
il a donné des sommes assez considérables à des
malheureux qui se précipitaient sur son passage. Il a donné 400 fr. à la musique, qui m'a-
vait demandé la permission de lui donner une
aubade.

Jean-François Renout, soixante-treize ans,
rentier à Nonancourt

En 1863, j'étais maire, j'ai écrit à M. Janvier
pour l'avertir que la filature de M. Wallington
était brûlée. M. Janvier m'envoya un secours
de 1,000 fr., me faisant dire que si c'était insuffisant, il m'en enverrait davantage. On ne demandait jamais vainement un secours à M.
Janvier.

Pierre-Gustave Letorey, notaire à Monfort.
— M Janvier, dans le canton de Monfort, a
toujours été très-généreux, il a souvent donné
des secours à la compagnie de pompiers dont
j'étais le capitaine

M. le président. — Mais c'est une subvention
du budget départemental, cela ?

Le témoin. — C'est vrai, mais je sais aussi
qu'il a donné de nombreux secours aux ouvriers
de Saint-Gilbert pendant la crise cotonnière.

François-Gustave Bourdon, quarante-quatre
ans, chef de division à la préfecture de l'Eure.

Le témoin, chef du bureau militaire, accompagnait M. Janvier dans les tournées de révision.
Quand on lui demandait un secours, il en prenait note pour le faire envoyer ; mais très souvent, le plus souvent, il le tirait immédiatement
de sa poche.

Trois témoins, MM. Lefort, Daminde et Al-
bert Fouquet sont entendus et reproduisent divers détails touchant le zèle de M. Janvier de la
Motte pour les intérêts des communes et sa générosité allant jusqu'à l'exagération

M. Arthur Tourangin, ancien préfet.

C'est en 1868 que j'ai succédé à M. Janvier à
la préfecture de l'Eure, et j'étais arrivé à Evreux
naturellement avec une certaine prévention
contre mon prédécesseur. Aussi, je me suis attaché à un examen sérieux et approfondi. Après
avoir fait le relevé de toutes les promesses faites
aux communes sous l'administration précédente

mon opinion a changé car tous les dossiers
étaient dans un ordre parfait, et les fonds promis aux communes en leur donnant une confiance absolue en elles mêmes, a augmenté leur
bonne volonté et leurs efforts ; il en était résulté
de grandes améliorations et une notable augmen-
tation de bien-être pour les populations.

M. le président. — Mais votre administration
n'a-t elle pas été obligée de faire des emprunts
pour réaliser les promesses de votre prédécesseur et pour combler les déficits de son admi-
nistation ?

Le témoin. — C'est-à-dire des déficits résultant précisément de l'inexécution des promesses.

M. le président. — Et quelle a été l'importance de ces emprunts ?

Le témoin. — Environ 480,000 fr. J'ajoute
que les dépenses faites aux bâtiments départementaux m'ont paru justifiées. Je puis dire, moi
qui ai l'expérience des budgets départementaux,
que n'en ai jamais vu de mieux établis, de plus
régulièrement appropriés aux besoins des intérêts
départementaux et surtout aux intérêts agricoles.
Si j'avais trouvé la trace de faits criminels,
j'aurais cru de mon devoir d'en informer la justice. Selon moi, il y a eu des irrégularités de
comptabilité et rien de plus, ce qu'on appelle des
virements, mais des virements irréguliers. Je
m'explique.

Le virement ne peut se faire, d'après les règlements, qu'entre certains chapitres et encore
sous certaines conditions, mais aussi dans certains cas d'urgence il peut arriver qu'il y ait des
virements irréguliers Il faut, dans ce cas d'abord
l'urgence, comme je l'ai dit et toujours l'autorisation du conseil général, ou tout au moins
sa ratification.

L'accusé. — Il y a une observation que je
tiens à faire en présence de M. Tourangin Ce ne
sont pas des emprunts Pour venir en aide aux
communes et de ne pas dépasser les ressources
de l'exercice, il avait été convenu avec le conseil général que tous les ans on inscrirait au
budget 100 ou 150,000 fr., et que par ce moyen,
on pourrait arriver en tant d'années à un résultat.

Cela fut décidé en 1866, lorsque je parcourus
les communes du département, selon mon habitude. J'étais convenu avec les conseils municipaux de ce qu'il y avait à faire. « Je ne viens
pas, leur disais-je, grever vos budgets outre mesure ; aussi vous pouvez en votant ces travaux
compter sur des secours supplémentaires de la
part de l'Etat »

Quand j'ai quitté le département, je ne m'y
attendais pas. J'avais ainsi pris des engagements
antérieurs, et ce sont ces promesses qui ont
exigé un emprunt de la part de l'administration
de M. Tourangin, et que M. Tourangin a réalisé
en effet.

Le témoin. — C'est très-exact, et je puis d'autant mieux le dire que, dans mon administration, je me suis trouvé dans la même position.
J'ai été obligé de prendre des engagements pour
l'avenir. Du reste, ces anticipations sur l'avenir

étaient parfaitement acceptées par le conseil général.

M. le président. — Cela ne fait pas de doute,
et c'est précisément pour cela que l'on reproche
à l'accusé de ne pas avoir toujours suivi cette
marche en consultant le conseil général.

Me Frère aîné. — M. le président veut-il demander à M. Tourangin si M. Bourguignon ne
s'est pas mis complétement à sa disposition pour
recueillir les renseignements demandés par le
ministre ?

Le témoin. — C'est vrai, j'ai trouvé de la
part de M. Bourguignon un concours très-em-
pressé et très intelligent.

M. Ernest Pinard, quarante-neuf ans, avocat
à la Cour de Paris, ancien ministre de l'intérieur.

Me Lachaud. — M. le président veut-il bien
demander à M. Pinard dans quelle circonstance
il a mis M. Janvier en disponibilité ?

M. le président. — Oui et en même temps je
demanderai au témoin de nous parler de la correspondance engagée entre ses bureaux et le
préfet de l'Eure, au sujet de l'asile des Aliénés ?

Le témoin. — J'ai proposé la mise en disponibilité de M. Janvier, et cette décision, sous
une forme adoucie, était en réalité une révocation. J'étais en présence de trois solutions parmi
lesquelles j'avais à choisir; maintenir M. Janvier
à la préfecture, l'envoyer dans une autre préfecture de moindre importance, ou bien le révoquer ! J'insistai pour la mise en disponibilité et
il ne fut pas question de responsabilité pénale.
La question n'a pas été posée.

Maintenant, voici dans quelles circonstances :
J'avais été saisi de la plainte d'un avoué d'E-
vreux, M. Alaboissette. A la suite de divers actes
de procédure de sa part il se passa entre lui et
M. Janvier une scène regrettable dans le salon
de M. le receveur général. Je voulus connaître
les dires contradictoires des deux parties ; mais
M. Alaboissette avait saisi la justice, et je ne
voulus pas devancer la décision du Tribunal.

M. Janvier avait des torts certainement, puisque le Tribunal l'a condamné à une certaine
somme de dommages-intérêts.

A partir de ce moment, ma résolution fut for-
melle ; je me fis rendre compte du nombre et de
la nature des poursuites engagées contre M. Janvier. Les protêts, en grand nombre, rendaient
impossible le maintien de M. Janvier comme
préfet dans le département. Je fus prévenu que
sa position allait être liquidée par sa famille,
et ce fut l'honorable M. Raoul Duval, qui m'a-
vertit qu'on allait liquider ce passif, et, dans
cette situation, je dis que j'étais convaincu que
les dettes seraient liquidées, mais qu'en présence du fait même des poursuites et de la nécessité de cette liquidation, M. Janvier ne pouvait
rester préfet dans l'Eure.

Le troisième élément de ma détermination a
été la connaissance des procédés administratifs
que j'ai toujours blâmés sévèrement. Il y a un
règlement qui défend de faire des marchés de
gré à gré, il faut pour qu'ils soient admis, qu'il
y ait urgence et que le ministre donne son autorisation ; or, pendant mon administration qui a
duré treize mois, je n'ai jamais donné aucune
autorisation de ce genre.

En ce qui concerne les marchés pour la maison des Aliénés, vous l'avez vu. Dans ma correspondance, je blâmais le procédé des marchés
de gré à gré. M. Janvier me répondit avec deux
raisons qui pouvaient être bonnes en fait : d'a-
bord que le marché de gré à gré était antérieur
à mon administration, et ensuite que déjà les
fournitures étaient préparées.

Dans ces conditions, tout en reconnaissant
que peut-être les fournitures avaient été faites
à meilleur marché ; tout en reconnaissant qu'il
n'y avait en réalité qu'un seul adjudicataire possible, je dus maintenir l'adjudication. Elle eût
lieu, mais les délais de publicité n'ayant pas été
régulièrement observés, j'écrivis une seconde
lettre qui blâmait le fait.

Il y a un second point relatif à la comptabilité
administrative. J'appris que M. le maire de la
ville d'Evreux avait adressé des réclamations
sur lesquelles le conseil général statua en 1866 ;
il y avait là des quitus et les comptes ne pouvaient plus être critiqués que par la Cour des
comptes. Je m'adressai aux divers membres du
conseil général de l'Eure.

Je consultai les nuances politiques les plus
diverses du conseil général afin d'être pleine-
ment renseigné.

Je dois dire que l'ensemble du conseil général
me trouva trop sévère sur ces irrégularités de
comptabilité ; ils me disaient : « Mon cher ministre, vous excédez la mesure ! » Et moi je ré-
pondais : Je remplis la mesure, je veux liquider
tout le passé. J'ai dû, en présence des faits,
agir avec fermeté et avec rigueur. »

Voilà pourquoi, messieurs les Jurés, la question de responsabilité pénale ne fut pas même
posée. Si des plaintes m'avaient été adressées en
signalant des faits précis, mon devoir eût été de
signaler le fait à M. le garde des sceaux. Mais,
loin de là et en présence des sollicitations
d'hommes sincères et honorables qui trouvaient
que j'allais trop loin, je crus en prononçant la
mise en disponibilité, me montrer à la fois ferme,
sévère et juste.

M. le président. — Tout le monde a rendu
justice à votre attitude.

Le témoin. — Maintenant, messieurs, quant à
la plainte dirigée contre M. Janvier de la Motte,
en en voyant la date, j'ai été profondément
étonné et même blessé. Si en 1868 je n'avais
pas reçu et même provoqué la plainte, je comprends que les auteurs de la plainte eussent attendu un régime qui leur convînt pour la déposer ; mais quand j'ai provoqué la lumière, quand
j'ai sévi, quand j'attendais un mois pour mettre
tout le monde en mesure de se plaindre et de
s'expliquer, je ne m'explique plus leur patience.

Cette plainte, sa tardivité me critiquent, si
j'ai repoussé les plaintes et les éclaircissements ;
mais comme au contraire je les ai provoqués et
provoqués en vain, j'ai bien le droit de penser
que cette plainte est l'œuvre d'hommes qui
peut-être cherchaient un coupable dans le passé,

mais qui, dans tous les cas, voulaient exclure un candidat de l'avenir.

M. le président. — Cette observation, monsieur, ne s'applique qu'à la plainte, et ne touche en rien, ne peut toucher en rien à la procédure. Je répète que votre intervention et votre attitude dans cette affaire, n'ont pu donner lieu à aucune critique, bien loin de là !

L'audience est suspendue. Elle est reprise à deux heures et demie.

Sur l'ordre de M. le président, lecture est donnée par M. le greffier du décret qui autorise l'audition de M. le ministre des finances.

M. Pouyer-Quertier, cinquante ans, ministre des finances, manufacturier. — Messieurs les jurés, c'est avec une émotion douloureuse que je viens ici apporter mon témoignage. Mes rapports avec M. Janvier de la Motte n'étaient pas fréquents, je le voyais principalement aux sessions du conseil général ou dans les tournées de révision. J'ai souvent averti amicalement M Janvier de la Motte que je le verrais avec bonheur rentrer dans une vie plus régulière et plus normale qui ne serait pas critiquée par le public.

Mais je le dis hautement, son administration a été d'une haute intelligence, il a mis le département de l'Eure au premier rang comme vicinalité, comme bâtiments publics, comme comptabilité, vous comprendrez que ma position m'impose quelque réserve ; mais en lisant ces débats, j'ai été péniblement impressionné par des interprétations données à des actes irréguliers sans doute, mais qui n'avaient aucune intention de criminalité.

En comptabilité, on ne peut pas tout prévoir ; il y a l'imprévu, il y a l'urgence. Sous le gouvernement impérial, j'ai combattu le système des virements, et cela dans l'intérêt de la comptabilité publique, et c'est ce système qui a amené les mandats fictifs. Vous avez un exemple, le pont de Pont-de-l'Arche tombe, le premier devoir de l'administration publique est de rétablir la circulation. Il ne peut pas y avoir le crédit voté ; il faut donc avoir recours à des virements et par conséquent à des mandats fictifs

Je ne veux pas encourager sans doute les irrégularités administratives, mais je dis que forcément les administrations ne peuvent pas se renfermer absolument dans les prévisions budgétaires.

En 1865, pour le département de l'Eure, elles n'ont pas paru complètes à la Cour des comptes ; le conseil général s'est assemblé, a fourni des explications à la Cour des comptes, qui a donné un quitus à M. le receveur général. La composition du conseil général ne peut laisser aucune espèce de doute ; mais j'ajoute qu'en 1871, sous un nouveau gouvernement, des éléments nouveaux sont entrés dans le conseil.

Eh bien ! nous avons invité nous-mêmes nos nouveaux collègues à tout examiner sérieusement, et je le dis, à l'honneur même de nos nouveaux collègues, ils ont tout approuvé et ont aussi fait tomber les accusations et les attaques de la presse C'est donc en quelque sorte une

nouvelle approbation des comptes de l'administration de M. Janvier de la Motte.

J'arrive à un fait grave et qui me cause un grave embarras. J'ai lu dans l'acte d'accusation que le ministère de l'intérieur se déclarait créancier de 213,000 fr.

M. le président. — Mais cet acte a dû vous être notifié ?

Le témoin. — Pardon, je vais suivre mon explication. Je m'étonne que le ministère de l'intérieur ait pu se déclarer créancier sans avoir consulté le ministère des finances. Or, il y a un quitus en règle de la Cour des comptes Il en a été de même pour la souscription de 66,000 francs.

M. le président. — Ces questions de procédés entre les ministères, ne regarde en rien la justice.

Le témoin. — Mais on parle de mandats fictifs ; or, les pièces ne seraient pas régulières et n'auraient pas pu être produites. Avant que la Cour des comptes n'ait de nouveau évoqué l'affaire et statué définitivement, je me déclare, comme ministre des finances, impuissant à poursuivre le remboursement des 213,000 fr. dont M. Janvier a été déclaré reliquataire par le ministre de l'intérieur.

Le témoin parle de la construction du pont d'Andé, le travail le plus remarquable de la vicinalité de France. A la suite de cette construction eut lieu une fête qui n'avait pas été prévue dans le budget ; M. le préfet crut pouvoir en prendre les fonds sur le service vicinal. On célébra l'inauguration du pont d'Andé. Le préfet justifia des dépenses, et le conseil général donna son approbation à ces comptes.

A l'époque de la crise cotonnière, mes amis et moi commençâmes une souscription qui s'éleva à 4 millions et quelques cent mille francs ; mais nous ne les touchâmes pas en entier.

Ce fait fit quelque bruit à cette époque ; le gouvernement mit la main sur la souscription, et nous ne pûmes toucher qu'environ 2 millions, avec lesquels nous fîmes, la répartition la plus juste que possible.

M. Janvier de la Motte m'indiqua quelques communes qui souffraient beaucoup de la crise ; j'envoyais 8.000 fr. en un mandat à M. Janvier de la Motte, qui, plus tard, m'indiqua les noms des communes auxquelles ces 8.000 fr. avaient été distribués.

La répartition générale attribua cent et quelques mille fr. au département de l'Eure. Le conseil général accepta toutes les justifications de M. Janvier de la Motte sur l'emploi de ces sommes. Il n'est venu dans l'esprit d'aucun d'entre nous qu'il eût pu garder un centime de ces fonds. J'ai vu avec douleur qu'on ait soupçonné les membres du conseil général de n'avoir pas fait leur devoir selon la loi. Nous avons fait des observations sévères à M. Janvier, mais nous avons toujours exigé toutes pièces justificatives d'une comptabilité régulière.

Maintenant pour le concours régional, les travaux furent considérables. On fit une fête complète ; cela entraîna le département dans une dépense de 300,000 fr. Vous pouvez apprécier, messieurs, si ces sommes, quelque considérables qu'elles soient, sont exagérées pour une cérémonie de ce genre, surtout quand il s'agissait de recevoir l'empereur et l'impératrice.

Le préfet fut forcé de recourir à des emprunts; mais toutes les dépenses furent approuvées. Si elles sont trop élevées, c'est l'affaire de la responsabilité du conseil général vis à-vis de ses électeurs; mais tout n'est pas perdu. Vous le savez, dans les dépenses de ce genre, la prospérité d'un département grandit en proportion, et d'ailleurs ce concours régional a été accueilli par l'enthousiasme général des habitants de l'Eure.

Le témoin explique qu'il n'était pas, dans le conseil général, partisan de la construction d'un bâtiment pour les aliénés; mais la majorité fut d'un avis contraire. Que les dépenses aient été fortes, c'est possible; mais aucune malversation n'a été signalée.

M. le préfet allait dans les cantons, jamais il n'a fermé l'oreille à tout ce qui était établissement de bienfaisance: écoles, presbytères, églises, etc., etc. Il lui arrivait trop souvent de ne pas demander de reçus. Un jour, passant à Fleury-sur-Andelle, il avait comme d'habitude un sac rempli de rouleaux d'or sur lesquels étaient les noms des communes auxquelles ils étaient destinés.

Il oublia son sac dans la commune, et c'est moi qui le lui renvoyai avec les deux milles fr. qu'il contenait et qu'il donna à Fleury-sur-Andelle pour la salle d'asile! assurément il ne tenait pas compte de ces dons d'une façon assez complète dans sa comptabilité.

Je ne suis pas venu ici pour faire un plaidoyer en faveur de M. Janvier; il sait ce que je pense et ce que je lui ai dit de sa conduite privée; mais quand il s'agit d'un fonctionnaire qui a été haut placé, c'est un devoir pour moi de lui apporter l'aide d'un témoignage dont la conviction s'est fortifiée de tout ce que j'ai pu recueillir de l'opinion générale. Je dis que c'est un honnête administrateur et que sa probité est hors de tout reproche et de tout soupçon.

Le témoin tient pour des gens très-honorables les accusés Bourguignon et Boulanger, pour de très-honnêtes gens. Il a pu les apprécier depuis qu'il fait partie du conseil général.

M. le président. — Le conseil général a-t-il su que sur les dépenses du mobilier de l'asile des Aliénés, il y ait eu une majoration de prix de 11,000 fr. pour le paiement de la chambre à coucher de la Préfecture?

Le témoin. — C'est un virement parfaitement autorisé; c'est une dépense prise sur un exercice pour en solder un autre. Vous pouvez vous reporter à la loi du 31 décembre 1861 qui les autorise. C'est ce qui faisait dire à un ministre, M. Fould: « Quand il y a des fonds sur un exercice, le gouvernement peut en prendre partout. »

Je ne partage pas cette opinion et je repousse ce système; mais ce fut celui de 1861.

M. le président. — Le ministère public reproche à l'accusé d'avoir fait une règle du virement, qui ne doit être que l'exception.

Le témoin. — Quand la dépense est réelle, le conseil ne peut faire autrement que de l'approuver. En 1863, M. le ministre Magne vint demander l'autorisation de la Chambre pour un virement de 70 millions, qui n'était autre chose qu'une dépense payée par un mandat fictif.

Eh bien! on savait à n'en pas douter que M. Magne n'avait pas détourné les 70 millions, et la Chambre n'a jamais songé à refuser son autorisation. Le conseil général est souverain pour approuver ou refuser une dépense.

M le président. — Mais personne ne dit le contraire; le ministère public se demande si le conseil général a été bien à même de connaître la vérité.

Le témoin. — Il faudrait, pour admettre cette hypothèse, supposer deux choses que je ne puis admettre, c'est-à-dire que le conseil général a mal examiné les pièces qui lui ont été soumises, ou bien qu'il a été complice du préfet. Non, nous avons, quand nous avons cru le devoir, donné des avis à M. Janvier de la Motte; mais les pièces que le préfet nous a produites ont toujours été régulières et le conseil a toujours approuvé tous les actes de son administration.

M. le ministre des finances demande l'autorisation de retourner immédiatement à Versailles.

L'autorisation lui a été immédiatement accordée.

Jean Moreau, capitaine en retraite. — M. le président, je ne sais rien de l'affaire si ce n'est que j'ai toujours eu à me louer de la bonté, de la générosité de M. Janvier de la Motte.

M. Ernest-Gustave de Megé, ancien sous-préfet.

J'ai été longtemps sous-préfet dans l'Eure, notamment au moment de la crise cotonnière. Je fus autorisé par M. le préfet Janvier à employer en secours dans mon arrondissement les 6,000 fr. qu'y avait produit la souscription. J'ai donc fait la distribution de ces sommes.

M. Janvier est venu plusieurs fois dans l'arrondissement, et je l'ai vu, dans les communes, distribuer des sommes de la main à la main aux maires, ou même directement aux indigents.

Ainsi une fois je l'ai vu tirer de l'argent de sa poche et le donner à des ouvriers; d'autres ouvriers causaient plus loin entre eux à voix basse et se portèrent sur son passage pour recevoir à leur tour; l'affluence grossissait ainsi toujours sur son passage.

Me Lachaud. — Et quelle était son attitude envers les fournisseurs avec lesquels il avait des relations?

Le témoin. — Son attitude était pleine de bienveillance.

Hilaire Langlé, trente-six ans, secrétaire de la mairie de Gisors.

Me Lachaud. — Nous avons fait venir ce témoin pour nous éclairer sur ce fait qu'il résulterait des enquêtes que Gisors n'avait rien reçu. Il y en a du reste un autre qui est cité aussi.

Le témoin. — On a distribué des secours dans notre canton.

M. le président. — A quelle époque ?

Le témoin. — Seulement en 1864, 1865 et 1866. C'étaient des secours en bons de pain.

Pierre Lepage, pharmacien à Gisors.

J'ai vu M. le préfet étendre sur une table de la mairie de Gisors dix ou douze rouleaux d'or qu'il a distribués aux maires des différentes communes.

L'abbé Pierre-Jacques-Jouan, chanoine, vicaire général à Evreux, connaît les générosités de M. Janvier, a obtenu 10,000 fr. pour l'Hospice ; 1,000 fr. et 500 fr. pour la Miséricorde ; pour les fourneaux économiques, 1,000 fr. « Donnez, m'a dit M. Janvier, je me charge du déficit. » Quant à M. Bourguignon, je le connais comme un homme fort honnête.

M. Lecouteulx de Canteleu, maire d'Etrépagny, conseiller général. — Je suis allé en Belgique avec M. Janvier. Il m'avait prié de l'accompagner, parce que je suis en relation avec le général Chazal, et que M. Janvier espérait obtenir des prix réduits pour le transport des fleurs du concours. Ce concours a été magnifique, et je me souviens à ce propos que le premier jour, une foule compacte étant restée aux portes et hésitant à entrer parce que le prix était trop cher, M. Janvier arriva, fit ouvrir toutes les portes et dit que tout le monde entre sans payer. Inutile de dire que ce jour là les entrées ne produisirent pas grand'chose.

Louis de Vallon, conseiller général, dépose — e suis conseiller général depuis vingt-quatre ans. Je tiens à constater que je ne dois mon élection à personne qu'aux électeurs, sous quelque gouvernement que ce soit. J'aime M. Janvier ; mais je ne lui dois rien.

Le témoin dépose des générosités existantes de M. Janvier, et rappelle les faits et les circonstances qui ont entouré le concours régional. Il aborde le chef de la chambre à coucher ; il constate que M. Janvier avait demandé à des membres du conseil général la chambre à coucher en question, sans en faire l'objet d'une communication spéciale et officielle au conseil général.

Hyacinthe Firmin Didot, ancien imprimeur, ex-conseiller général, dépose sur la générosité de M. Janvier, certifie la régularité des comptes qui ont été présentés au conseil général.

Armand, comte de Reiset, ministre plénipotentiaire en disponibilité, ex-conseiller général, parle de la libéralité de M. Janvier et du bien qu'il a fait à la circonscription qu'il représentait. Il ajoute qu'il a été très étonné du procès, jamais personne ne s'était plaint à lui de M. Janvier. Tout le monde lui faisait des courbettes, dit-il.

M. le président. — Cela se fait ordinairement quand les hommes sont au pouvoir.

Marie la Roncière le Noury, vice-amiral, dépose .

Je n'ai jamais eu connaissance de mandats fictifs ; je n'établis d'ailleurs pas de différence entre les virements et les mandats fictifs. Je savais que M. Janvier allait vite ; il était nécessaire qu'il passât souvent par-dessus les règlements. Quant à croire qu'il employât ces mandats fictifs à détourner à son profit les deniers publics, je me refuse à le croire ; j'oserais presque dire qu'il a dû mettre beaucoup d'argent de sa poche. Moi-même j'hésitais à lui faire des demandes pour mon compte.

Il est évident que le concours régional a absorbé beaucoup d'argent. Peu de jours avant l'arrivée de l'empereur, on apprenait cette visite, et il fallut en peu de temps préparer la fête qu'on comptait lui donner. Le crédit annuel était épuisé, il était donc nécessaire d'arriver par une autre route que celle du crédit à recueillir des fonds. On fit des irrégularités et des mandats fictifs. Les mémoires des dépenses qui ont été faites par ces modes ont été vérifiés et approuvés par le conseil général, et ensuite par la Cour des comptes.

C'est surtout au point de vue de la moralité que nous faisions des reproches amicaux à M. Janvier. J'avoue que moi, qui étais son ami, j'étais gêné dans mes relations avec lui, à cause de cela.

Philémon Fouquet, membre du conseil général, dépose des générosités proverbiales de M. Janvier.

Marquis de Croix. Le témoin s'avance et dit : — Je suis un peu sourd, monsieur le président.

On fait approcher le témoin. (Rires dans l'auditoire.)

M. le président. — Il n'y a absolument rien de risible dans cet incident. Les personnes qui se permettront ces sortes d'inconvenances seront expulsées de la salle.

Le témoin se nomme et déclare être ancien sénateur, grand propriétaire, vice président du conseil général. Il dépose de la générosité de M. Janvier et de sa capacité.

Eléonor Forval, conseiller général, fait une déposition semblable, et rend hommage à Bourguignon et à Boulanger.

Un dernier témoin à décharge reste encore. La défense y renonce. Elle renonce également à tous les autres témoins cités par les autres accusés. Plusieurs demandent à la Cour de se retirer définitivement. Les permissions sont accordées.

L'audience est levée.

Audience du 2 Mars 1872

L'audience est ouverte à dix heures et demie.
M. l'avocat général Grenier prend la parole
en ces termes :

Messieurs les jurés, l'attention religieuse avec
laquelle vous avez suivi ces longs débats vous
a permis d'apprécier le véritable caractère de
cette triste affaire, et déjà, depuis longtemps,
vous êtes convaincus de la fausseté de certaines
rumeurs qui, avant votre entrée dans cette enceinte avaient dû parvenir jusqu'à vous. On a,
dit-on, publié que la justice avait été dans cette
poursuite l'instrument de misérables rancunes,
que l'on avait prolongé à dessein la durée de la
détention préventive de M. Janvier de la Motte,
détention rendue plus rigoureuse qu'à l'ordinaire. Vous savez maintenant à quoi vous en
tenir sur ces misérables calomnies !

Cette affaire si exceptionnelle par la situation
de l'accusé, est cependant une de celles que
nous voyons se présenter chaque jour à la Cour
d'assises, elle a sur plus d'un point des rapports
étroits avec une poursuite qui a abouti la semaine dernière par une condamnation prononcée
par le jury de la Seine Inférieure.

Il ne s'agit pas dans cette cause, vous l'avez
vu, messieurs les jurés, de ces questions irri-
tantes qui ont le triste privilège d'exciter les
passions de la foule, il s'agit seulement exclusivement d'une accusation de détournement contre
les fonctionnaires publics.

La longueur de cette instruction ? mais elle se
justifie suffisamment à vos yeux par la longueur
de ces débats, et seulement par le premier chef
de cette accusation : la dilapidation des fonds
de secours destinés à l'industrie cotonnière. Une
enquête a dû être faite dans toutes les communes
du département de l'Eure ; MM. les juges de
paix ont entendu tous les maires, tous les curés,
tous les grands industriels.

Quand le résultat de cette enquête a été communiqué à l'accusé, il a dit que si le chiffre de
ses distributions avait été trouvé si faible, c'était
parce que l'on s'était seulement préoccupé des
secours accordés aux ouvriers cotonniers, et
qu'il avait donné d'autres sommes beaucoup
plus importantes à des malheureux qui avaient
souffert indirectement de la crise.

De là, messieurs les jurés, la nécessité d'une
seconde enquête qui fut confiée à la gendarmerie qui se transporta dans chaque commune ;
puis, pour les faits relatifs au concours régional des commissions rogatoires durent être envoyées en Belgique, en Hollande et jusqu'en Illyrie... En un mot, pour vous expliquer la durée
de cette instruction, vous n'avez qu'à jeter les
yeux sur ces volumineux dossiers, et vous comprendrez ce qu'il a fallu de temps pour réunir
tous ces éléments divers.

Quant au régime imposé à l'accusé pendant la
durée de sa détention préventive, il est vrai qu'il

y a eu dérogation aux usages, mais nous ne pensons pas que M. Janvier ait le droit de s'en plaindre. Un inculpé ordinairement ne communique
avec son défenseur qu'après l'arrêt de la chambre des mises en accusation. M. Janvier, dès le
premier jour de son arrivée à Rouen, a pu communiquer avec son honorable conseil qui l'as-
siste à cette audience ; il n'est pas un de ses
parents qui se soit vu refuser l'entrée de la prison, et ses amis, quand ils l'ont demandé, ont
pu lui serrer la main.

Voilà ce qui a été constaté aux débats publiquement, en présence de l'accusé, qui n'a pas
pu le contredire, parce qu'il fallait que la vérité
fût connue et que l'opinion publique égarée pût
savoir enfin ce qu'il y avait de calomnieux dans
ces bruits répandus avec une certaine persévé-
rance.

Nous avons dit que nous étions en présence
d'une affaire ordinaire; mais celle-ci est surchargée de détails, nous l'examinerons devant vous
simplement, avec un grand calme, mais aussi
nous devons le dire, avec un profond sentiment
de tristesse.

Nous ne connaissons, quant à nous, rien de
plus affligeant que ce spectacle d'un homme
appartenant à une honorable famille, d'un homme
bien élevé, instruit, doué de facultés exceptionnellement heureuses, qui aurait pu être un homme à ses semblables, utile à son pays, qui, pour
être justement considéré aurait un peu d'efforts
à faire, et qui vient échouer misérablement sur
les bancs de la Cour d'assises.

Et notre tristesse augmente encore quand
nous savons que pendant douze ans cet homme
a été à la tête d'un département !

Messieurs, les exemples, bons ou mauvais,
viennent toujours fatalement d'en haut. L'accusé
vous disait à la première audience qu'il ne se
donnait pas comme un modèle ; il a été un modèle et malgré lui, et nous craignons, nous, que
même dans bien des années, ceux qui étudieront
le niveau moral du département de l'Eure, ne
reconnaissent l'influence malsaine du contract
des populations avec le préfet qui a fait litière
de tout ce que les honnêtes gens ont l'habitude
de respecter.

Nous aurions voulu ne pas examiner ce côté
si triste du procès qui vous est soumis ; mais
vous avez compris, messieurs, que c'était impossible ! Les actes que nous reprochons à l'accusé
sont des effets, et il faut bien remonter aux
causes et vous faire connaître la puissance des
entraînements auxquels M. Janvier a cédé.

On vient vous dire pour sa défense qu'on le
reconnaît pour un homme intelligent et qu'il
eût été bien maladroit de sa part d'initier tous
ses employés, tous ses fournisseurs à des dilapidations qu'il aurait intentionnellement projeté
de commettre ? Il faut alors que nous vous fas-

sions savoir qu'il s'agit d'actes d'une grande gravité au point de vue moral. Quand l'accusé prétend qu il s'est ruiné par suite des sacrifices qu'il a faits pour le département, il faut que nous démontrions la profondeur du gouffre dans lequel il a jeté sa fortune, celle de la famille, celle de ses alliés et aussi, c'est notre prétention la fortune du département.

M. l'avocat général rappelle les antécédents de l'accusé tels que les ont révélés les débats : les négociations de billets avec l'aide de Fronteau. M. Janvier de la Motte arrive à Evreux et il débute par un emprunt de 6.000 fr. au banquier Thirouin.

L'organe du ministère public fait le tableau de cette existence de dissipation, de débauche aux yeux de tout un département qu'il est chargé d'administrer en présence de toute la ville d'Evreux.

Les filles de mœurs suspectes défilent à la préfecture, le préfet est en correspondance avec une proxénète de Paris, la femme Prat, déjà deux fois condamnée par la police correctionnelle. Qui, de temps en temps, sur sa demande lui fait des envois. On a trouvé une dépêche de M. Janvier à la femme Prat ; elle est conçue en ces termes :

« Envoyez-moi deux langoustes n° 1 et n° 2 »

En outre, en 1860, M Janvier dépense pour ce qu'on appelle « une femme à la mode, » une actrice d'un des théâtres de Paris, une somme que l'on évalue à 350 ou 400,000 fr.!

C'est à la suite de ces révélations que sa femme a reconnu que l'existence commune devenait pour elle impossible, et qu'elle a demandé sa séparation de corps. Si M. Janvier ne s'est pas défendu devant le Tribunal, s'il n'a rien dit, c'est que, malgré son audace, il a compris son impuissance à tenter une défense quelconque sur les faits articulés dans la demande, et desquels il résulterait qu'il n'a pas même respecté le domicile et le lit conjugal ; c'est sur le lit conjugal qu'il aurait été surpris en flagrant délit d'adultère.

M. l'avocat général rappelle dans quelles conditions s'est faite la première liquidation des dettes de M. Janvier de la Motte. De 1861 à 1865, il n'a été exercé aucune poursuite, pourquoi ? Parce qu'il avait alors à sa disposition des fonds considérables destinés à secourir les victimes de la crise cotonnière. Une souscription départementale s'élève à 66,000 fr., le comité rouennais envoie 8.000 fr , l'empereur donne 10,000 fr., et enfin l'Etat fait au département, sur la souscription générale, une part de 147,000 fr.

« Mes dépenses, a dit l'accusé, ont été approuvées par le conseil général, » et MM. les membres du conseil général, qui hier ont été entendus comme témoins, ont tenté de présenter la défense du conseil général ! C'était bien inutile! Jamais personne n'a songé à mettre en cause, même moralement, la responsabilité du conseil général.

M. Janvier a été déclaré par le ministre de l'intérieur reliquataire de 213,000 fr. Hier, M. Pouyer-Quertier, l'honorable ministre des finances, président du conseil général de l'Eure,

contestait la régularité de cette pièce, disait qu'elle était sans valeur, parce qu'elle ne portait pas sa signature. Le ministère public n'a pas à s'occuper de cette question.

L'organe du ministère publique rappelle les dépositions des divers membres du conseil général sur les faits qui constatent les habitudes de générosité exagérée, ont-ils dit, souvent, de M. Janvier de la Motte, de ces rouleaux d'or qu'il emportait dans ses tournées de révision. La générosité de M Janvier, elle est incontestable, et l'on verra bientôt aux dépens de qui elle s'exerçait ! La gendarmerie faisant le total des sommes distribuées dont elle a retrouvé la trace est arrivée au chiffre de 50,000 fr.

Mais là charité de M. Janvier était une charité quelque peu tapageuse ; on sonnait le clairon à l'arrivée du préfet dans le chef-lieu de canton, entre une double haie de pompiers et aux acclamations d'une foule avide et curieuse! Mais enfin il y a loin de ces 50,000 fr. aux 213.000 fr. dont M. Janvier est déclaré reliquataire. Veut on y ajouter 10, 20 ou 30.000 fr. ? Veut-on doubler, veut-on tripler la somme? On arrive à 150,000 fr., et l'on se trouve encore loin de 213,000 fr. Qu'est-ce que M. Janvier a fait du reste? C'est une question qui lui a été adressée bien des fois, et, malgré son habileté, il n'a pas encore su y trouver une réponse.

Rappelez-vous, dit M. l'avocat général, rappelez-vous ce fait significatif qui a été révélé par le témoin Plichon, un pauvre ouvrier cordonnier dont la femme était malade et qui avait besoin d'un secours. Il était allé pour le solliciter, à la préfecture en compagnie de sa belle-fille mineure, et M. Janvier lui dit qu il donnera le secours, il offre même le mandat, mais la jeune fille devra venir à 9 heures du soir, entrer à la préfecture par les jardins, par la petite porte!...

Ah ! celui-là est bien capable de détourner à son profit et de dissiper les deniers du pauvre, celui qui offre à un pauvre homme de vendre sa fille pour une misérable somme de 80 fr. !

Arrivons au deuxième chef d'accusation. Les virements. a-t-on dit, sont inévitables, et on a invoqué le souvenir du sénatus-consulte de 1861. Il y a loin de ces virements régularisés par une loi à ceux dont on a fait usage dans la comptabilité départementale.

Ce système ainsi généralisé ne tendrait à rien moins qu'au bouleversement complet de toutes les idées que l'on se forme de la comptabilité. C'est l'absence de toute espèce de contrôle, la suppression de l'intervention du conseil général dans les intérêts départementaux, c'est la suppression du haut contrôle de la Cour des comptes! c'est enfin le régime du bon plaisir préfectoral substitué au régime du contrôle !

De quelque façon que l'on s'y prenne, le préfet viendra toujours dire : « Est-ce que vous me prenez pour un malhonnête homme ? J'affirme que tout a été dépensé dans l'intérêt du département ; je ne me souviens pas des détails ; mais j'affirme ! Je ne me souviens pas, mais j'affirme ! »

Et il faudra que le conseil général s'incline,

sous peine de paraître formuler contre le préfet, une accusation de malhonnêté. Ce serait là, messieurs, un système aussi compromettau pour nos finances que pour notre dignité.

Et ces employés qui font les modèles des mémoires fictifs, et ces ouvriers à qui l'on donne ou à qui l'on promet 3 fr. pour signer ces faux, quelle idée ont-ils de la manière dont on administre les finances du département? Quoi de plus démoralisant que cet exemple !

M. l'avocat général arrive à l'examen successif des faits qui ont été énumérés dans l'acte d'accusation, qui ont fait l'objet des interrogatoires et des témoignages apportés à l'audience. Il commence par le fait relatif à Lavollée dit Poignant.

Comment justifiez vous, demande-t-il, que les sommes obtenues à l'aide de ce mémoire fictif ont servi à désintéresser les prêteurs, et comment justifiez vous que l'argent obtenu par les prêteurs a servi aux dépenses départementales ?

Pas d'explications à cet égard ; mais toujours et seulement des affirmations.

Après avoir rappelé les circonstances dans lesquelles on a produit les mémoires Siquot, Jules Godard, Parisie, Letellier, signalé les faux arrêtés de régie, l'organe du ministère public arrive au mémoire Buchard.

Les faits relatifs au concours régional présentent les mêmes caractères. M. le préfet a mis en avant cette théorie, que si les sommes dépensées sont considérables cet argent n'est pas toujours inutilement employé, parce que les villes bénéficient de ces fêtes, de ces réunions, de ce luxe, que les produits de l'octroi augmentent dans une proportion notable ; qu'il en est de même de la circulation, des transactions commerciales.

Mais ce n'est pas là la question ; MM. les jurés doivent s'occuper exclusivement de savoir si les faits qu'on lui signale constituent des crimes.

Le préfet a reproduit, pour le concours régional. les explications qu'il avait données déjà pour l'emploi des fonds cotonniers ; mais ici l'on sait que jamais l'argent ne lui a manqué. M. Deschamps, maire d'Evreux, l'a déclaré de la façon la plus positive et plusieurs autres témoins avec lui : Jamais les fonds n'ont manqué dans la caisse municipale, jamais elle n'a refusé un paiement.

M. l'avocat général examine le mémoire Monnier, jamais on n'aurait pu admettre une dépense de 3,500 fr. pour location de voitures en un mois, aussi l'accusé prétend-il que dans le mémoire, sont compris des transports de plantes et de terres. Le mémoire Boussavit porté à 9,000 fr. n'est pas plus vraisemblable. Boussavit est mort, mais on a retrouvé sur ses livres la minute d'un mémoire réel de 2,490 fr.

Le témoin Benet a, aux débats, singulièrement changé l'attitude qu'il avait eue dans l'instruction. Voilà qu'il s'est rappelé tout à coup jusqu'aux moindres détails de fournitures luxueuses. dont il n'avait pas moindre idée quand il était à une époque plus rapprochée des faits.

On se rappelle comment ce mémoire a été payé ; le préfet touche les 9,000 fr. du mémoire fictif, par dépêche télégraphique il donne rendez-vous à Boussavit à la gare ou au domicile d'Henriette Renault, sa maîtresse, cette troisième fille d'une famille dans laquelle il a porté le déshonneur, et c'est là que Boussavit touche le montant de son mémoire réel ; c'est inscrit sur ses livres, plus 100 fr., assurément le prix de sa complaisance. Qu'est devenu le reste des 9,000 fr. du mémoire fictif, comment en justifie-t on ?

Après avoir rappelé les mémoires fictifs des horticulteurs Piéton et Mezard, les 89 fr. de fleurs envoyées à Henriette Renault, figurant sur le mémoire du département, M. l'avocat général examine quel a été le rôle d'Alexis Chevalier, l'huissier du cabinet du préfet. Des témoins ont rendu hommage à sa probité, et l'on peut admettre que leur bonne opinion est fondée ; sa probité n'est pas contestée. mais il était chargé de remplir la bourse de M. Janvier, et il a subi l'influence fâcheuse du voisinage d'un homme sous la dépendance duquel il se trouvait, et contre lequel toute résistance de sa part était difficile.

Il a donc rendu des services au préfet qui lui laissait la conduite de sa maison, il a même poussé le dévouement jusqu'à contracter des emprunts pour lui. Alors, celui qui était préfet de l'Eure devait un an de gages à la femme de chambre de sa femme et à son garçon d'écurie.

Voilà qui explique ce mémoire si invraisemblable de 2,840 fr. de timbres-poste que l'on a transformé depuis en transports, en frais d'envoi, en port de ballots, à l'occasion du concours régional.

M. l'avocat général examine ensuite les faux mémoires relatifs à la fête d'inauguration du pont d'Andé.

On a parlé, et souvent, ajoute-t-il, des charités de M. le préfet de l'Eure ; mais la première condition de la charité, c'est que celui qui la pratique le fasse sur ses deniers personnels. Ce ne peut jamais être une bonne œuvre que de détourner les deniers publics de leur destination, même en faveur des familles les plus malheureuses.

Et en vain s'écria-t-on toujours : « Où est le préjudice ? » Il est évident que les sommes dont on disposait en charité envers l'entrepreneur Chardet. par exemple, qui était menacé d'une faillite sans ce secours, il est évident que ces sommes étaient destinées à l'entretien des édifices publics, et que les sommes n'ayant pas été employées à cet usage, les édifices n'ont pas été entretenus.

Le maire de Gravigny signe un mémoire dont le montant sert à payer les embellissements du jardin de la préfecture. Le maire de Bernay se montre plus rigoureux, plus strict observateur de la comptabilité publique.

Après avoir examiné les derniers faits, le fait relatif au mémoire Racault dans lequel est compris par une majoration de 10,000 fr. le prix de l'ameublement d'une chambre à coucher, et les faits relatifs aux adjudications et à l'asile des Aliénés, M. l'avocat général, dont le réquisitoire a causé, dans certaines parties, une émotion réelle dans l'auditoire, termine ainsi ce qui a rapport à l'accusé Janvier :

M. Janvier a reçu sur les fonds cotonniers des sommes dont il n'a pas justifié l'emploi ; à l'aide de mémoires fictifs, qu'il appelle des virements, il a reçu aussi des sommes dont l'emploi n'est pas justifié davantage.

Eh bien, nous lui poserons cette question, jusqu'au dernier moment, jusqu'à ce que nous ayons reçu une réponse : Qu'avez-vous fait de cet argent ?

On nous dit : Mais M. Janvier n'est pas un homme d'argent, il n'a rien aujourd'hui, il se trouve dans la même situation qu'il était à la suite de la première liquidation de son passif en 1861 ; une seconde liquidation plus onéreuse encore a été faite en 1868, et, d'ailleurs M. Janvier est une nature trop généreuse pour profiter d'un centime des fonds du département. C'est un homme désintéressé qui a laissé entièrement libre l'action de l'honorable allié qui a dirigé sa liquidation, il n'a fait aucune condition, aucune réserve, aucune observation.

Si cette liquidation avait pu se faire par l'aliénation de biens appartenant à M. Janvier, cela serait, en effet, un vrai désintéressement. Mais ici, il était plus facile, car c'était l'argent de sa famille ou plutôt de celle de sa femme. Ses parents ont été plus soucieux que lui de l'honneur de son nom ; ils n'ont pas voulu que celui dont leur sœur portait le nom laissât sa signature en souffrance.

Si l'on veut se faire une idée du désordre que l'on avait à réparer, on n'a qu'à rappeler ce fait que l'on a trouvé entre les mains d'un courtier de prêts usuraires pour 900,000 fr. d'acceptations de M. Janvier, et que ce courtier qui a accepté pour solde une somme de 800 fr., a dans l'opinion des liquidateurs, reçu tout ce qui lui était dû. (Hilarité dans l'auditoire.)

Mais que nous importe tout cela ?

Toutes les fois que les deniers publics sont détournés de leur destination pour entrer dans une caisse quelconque, qu'ils y restent plus ou moins longtemps, par cela seul qu'il y a détournement, il y a crime ; et la culpabilité ne saurait disparaître.

Ce que nous pensons de l'accusé Janvier, nous allons vous le dire avec une entière franchise.

C'est un homme généreux qui donne sans compter ; le tort de cet homme est d'avoir voulu faire une bourse commune de sa fortune et de la caisse du département de l'Eure. Oui, il a versé dans une même caisse ses deniers personnels et ceux du département : et quand il mettait cette ardeur dont il était dévoré pour accomplir les travaux qu'il aimait à faire et, qu'il savait faire vite et bien, nous n'hésitons pas à le dire, s'il avait été très-riche, il aurait puisé largement dans cette caisse sans trop se rappeler qu'il y avait mêlé sa fortune ; c'est incontestable.

Mais aussi s'il s'agissait de satisfaire ses passions que le luxe de Paris rend si coûteuses, sans plus de souci il puisait encore à pleines mains dans cette caisse qu'il avait faite commune, comme si l'argent qu'elle contenait n'était pas aussi l'argent du département.

Il a bientôt trouvé le fonds de cette caisse ; aujourd'hui il doit rendre compte de l'emploi qu'il en a fait. Il faut qu'il rende des comptes ! Eh bien ! ce compte, il ne l'a pas rendu.

Je le répète, ces justifications je les lui demanderai jusqu'au dernier moment, s'il ne les produit pas ; si ses réponses ne deviennent pas plus satisfaisantes à cet égard, il devient impossible à des hommes honnêtes comme vous de déclarer par votre verdict qu'il n'est pas reliquataire des sommes qu'il a dépensées.

Néanmoins, messieurs les jurés, vous verrez si vous n'avez pas à reconnaître les éléments de quelque atténuation dans la légèreté de son caractère et dans cette prévision qu'un jour, possesseur d'une fortune personnelle plus considérable, il sera à même d'opérer les restitutions aux caisses départementales.

M. l'avocat général examine les faits relatifs à l'accusé Bourguignon. Il n'est pas possible d'admettre qu'il n'ait pas profité des falsifications qu'il a approuvées ; mais il a évidemment subi l'influence du préfet qui était son supérieur hiérarchique ; sur ce point le ministère public déclare s'en rapporter à la sagesse du jury.

L'accusé Boulanger est un homme capable, très capable, tous les témoignages l'ont établi. Vous vous direz aussi qu'il n'a pas eu la liberté de ses actes et que ses complaisances pour le préfet ne lui ont rapporté aucun bénéfice. Vous pèserez ces circonstances qui méritent une très-sérieuse considération, et vous en tiendrez tel compte que de raison.

Quant à l'accusé Vittecoq, son malheur est d'avoir eu de l'ambition ; il a voulu jouer dans sa commune un rôle officiel. De là sa liaison intime avec M. Janvier, qui n'était pas un homme de son monde et de son éducation. Des brochures ont été publiées pour et contre lui ; inutile de dire que sa part de collaboration consiste uniquement dans le paiement des frais d'impression.

L'organe du ministère public rappelle le fait de la surcharge.

Il est juste de dire, ajoute-t-il, qu'il est établi qu'une somme équivalente à ces 6,000 fr, a été donnée à plusieurs maires des communes voisines pour des chemins qui rendaient plus faciles les communications avec Beaumont-le-Roger.

MM. les jurés n'oublieront donc pas que l'accusé Vittecoq n'a bénéficié d'aucune somme.

Messieurs les jurés, je termine par ces quelques mots: vous avez devant vous quatre accusés placés sous le coup d'accusations graves; ils sont dans des situations bien différentes. Deux d'entre eux occupaient une situation inférieure auprès du préfet, dont ils devaient nécessairement subir l'influence.

L'accusé Boulanger n'a pas profité des actes qui lui sont reprochés, mais l'accusé Bourguignon a reçu des honoraires de 6 pour cent sur chaque mémoire soumis à sa vérification.

Mais, messieurs, la part de ces deux accusés n'est allégée qu'à la condition d'aggraver celle de l'accusé principal; c'est lui, c'est Janvier qui a imaginé, qui a inspiré, commandé ces manœuvres criminelles, et c'est lui surtout qui doit en rendre compte à la justice de son pays.

Messieurs les jurés, vous avez le sentiment de votre haute mission; vous connaissez vos devoirs et vous êtes décidés à les remplir.

Dans cette enceinte, il n'y a pas de distinctions sociales; enfin vous êtes des jurés, et, en hommes probes et libres, vous rendrez votre verdict sans passion, mais aussi sans faiblesse.

Le réquisitoire de M. l'avocat général a été coupé par une suspension de dix minutes. Quand il est terminé, M. le président demande à MM. les jurés et au défenseur s'ils désirent une suspension nouvelle; sur leur réponse négative la parole est donnée à M⁰ Homais.

M⁰ Homais présente, en ces termes, la défense de l'accusé principal.

Messieurs les jurés, depuis six mois que j'ai la douleur d'assister aux angoisses de l'accusé, je suis soutenu par la certitude qu'un jour la lumière viendrait apparaître éclatante devant le jury, et c'est sans surprise que j'ai vu se produire ces nombreux témoignages que, certes, vous n'avez pas oubliés.

Hier, il n'y avait plus d'accusation pour des hommes qui, comme vous, sont les juges du fait et de la conscience; vous aviez entendu se prononcer devant vous sur la question qui vous est soumise, tout ce que le département de l'Eure renferme d'hommes le plus recommandables et illustres; tous, interrogés sur la question de savoir si vous avez devant vous des hommes qui se sont approprié le bien d'autrui, le bien du département, tous ont déclaré que dans leur âme et conscience M. Janvier était incapable d'avoir oublié ainsi ses devoirs d'administrateur et d'honnête homme, et qu'il avait jeté au contraire dans son administration une partie de sa fortune et de la fortune de sa famille.

S'il est possible qu'à l'heure où nous sommes vous fussiez réunis dans la chambre de vos délibérations, je suis certain que votre solution serait négative; cela est de toute nécessité. Mais aujourd'hui, l'accusation se relève et nous convie à l'examen d'une foule de détails sur lesquels nous sommes tout disposés à la suivre.

On reproche à M. Janvier de la Motte de ne pas répondre aux questions qui lui sont posées. Sur ce point, messieurs, je pourrais m'en rapporter à votre appréciation. N'est-il pas évident, au contraire, que jamais peut-être il ne s'est présenté un débat dans lequel la conscience du jury ait été mieux éclairée par les réponses des quatre accusés que vous avez devant vous.

Messieurs, nous ferons au ministère public les réponses qu'il demande, mais à la condition de lui adresser, nous aussi, une question; j'entends parler de mémoires fictifs, de mandats fictifs, mais quand il s'agit d'une accusation aussi grave, il ne suffit pas de relever dans la comptabilité de M. Janvier des fictions, des irrégularités. Il faut que le ministère public justifie que l'accusé est un voleur, ce mot seul rend ma pensée.

S'il n'y a eu que des irrégularités, nous les

avouons, mais vous n'arriverez pas à un résultat criminel.

Ce sera aussi à notre éternelle question, comme disait M. l'avocat général.

Nous vous démontrerons donc qu'il n'y a jamais eu appropriation du bien du département, et qu'il aurait pour complices des hommes qui se comptent par centaines : les maires, les conseils municipaux de tout un département.

Tout d'abord, permettez-moi de vous dire ce qu'est M. Janvier et de vous faire connaître des détails qui sont passés inaperçus dans les débats.

Le ministère public a pris M. Janvier à Evreux. Avant d'arriver à Evreux, dès 1847, M. Janvier servait la France. En 1848, il était sous-préfet à Dinan; la révolution le trouve là, et le jeune magistrat avait un tel empire sur la population, que, après une manifestation populaire en sa faveur, il était maintenu dans ses fonctions.

M⁰ Homais donne lecture de plusieurs pièces desquelles il résulte que M. Janvier de la Motte était déjà, à cette époque, un homme généreux, prodiguant sa fortune à toutes les misères.

A Dieppe, à Mende, mêmes manifestations de sympathie par la population envers M. Janvier de la Motte, toutes les fois que l'occasion s'en présente.

A Evreux, ai-je besoin de vous le peindre, je n'ai qu'à vous demander de vos souvenirs; vous avez entendu tout le conseil général de l'Eure, le ministre qui l'a révoqué, et, vous savez combien ces choses ont été bien dites et sincèrement dites.

Le défenseur explique quelle a été la nature des difficultés qui se sont élevées entre M. Janvier et un avoué d'Evreux. Après sa révocation, cependant, M. Janvier, à deux reprises différentes, est nommé conseiller général dans le département de l'Eure. Pendant la guerre il organise une compagnie de mobilisés à la tête de laquelle il allait se mettre, quand il apprit qu'un mandat était décerné contre lui et il se réfugia en Suisse. C'est sous une pensée politique que cette affaire a commencé.

Le commencement de l'instruction fut livré à des personnes qui, de notoriété, étaient des ennemis déclarés de M. Janvier. Elle fit naître tant de passions que la Cour de Rouen dut intervenir à la suite d'un réquisitoire de M. Leffemberg qui, à sa rentrée dans le parquet, avait trouvé la procédure engagée. Ces passions sont constatées par le réquisitoire: passions violentes, dit-il, pour ou contre les inculpés.

M. Janvier de la Motte arrive à Genève. En allant en Suisse, il ne fuyait pas la justice: il fuyait les passions politiques; et à peine a-t-il connu l'arrêt d'évocation, qu'il écrivit à l'honorable magistrat instructeur chargé de l'affaire une lettre dans laquelle il se mettait à la disposition de la justice et accueillait avec bonheur l'arrêt d'évocation qui mettait son administration sous la haute connaissance de la Cour de Rouen.

Il ne lui fut fait d'autre réponse qu'un mandat d'extradition pour faux.

Après être resté pendant deux mois dans les

prisons de Genève, il revint prisonnier en France, et on a pu voir ce singulier spectacle des incendiaires et assassins de Paris se promenant dans les pays étrangers, et un fonctionnaire du régime impérial, d'un régime déchu, traîné dans les prisons. livré, il est vrai, à la justice. mais sur la plainte de gens qui, de notoriété publique, étaient ses adversaires politiques.

Le défenseur s'appuie ensuite sur les longueurs de l'instruction, sur l'attitude de M. Janvier de la Motte pendant ces huit mois de prison préventive, et remercie, au nom de l'humanité, M. le procureur général de toutes les facilités que la justice a mises dans les communications de l'accusé avec la défense; mais au point de vue de justice, cette situation l'empêchait de donner bien des justifications dont il aurait pu s'armer, s'il eût obtenu la liberté provisoire.

En ce moment se place l'arrivée du compte de débet du ministère de l'intérieur.

Ce n'est qu'au bout de dix mois qu'on s'est procuré cette pièce sans laquelle sa comparution était irrégulière et illégale.

Il y a peu de temps, le conseil municipal d'Evreux, dans sa délibération du 15 février dernier, sur la demande de M. Lepouzé, le maire d'Evreux, l'un des auteurs de la plainte, a discuté si l'on ne se porterait pas partie civile; heureusement, dit le défenseur, je tiens à le dire à l'honneur de la ville d'Evreux, on a rejeté cette demande.

Il est maintenant utile d'examiner en détail tous les faits de l'accusation

Avant d'arriver, messieurs, au fond de la discussion, je dois encore vous présenter une observation. Au nombre des témoins cités par le ministère public, lorsque j'ai vu M. Demarquay, j'ai regretté que l'accusation voulût faire un scandale inutile, était il dans l'intérêt...

M. le président. — Le mot Me Homais !

M. le procureur général. — Sans faire de scandale, nous aurions pu étendre singulièrement la liste des témoins sur ces faits

L'Eure avait besoin d'un administrateur exceptionnel ; cet homme qui, suivant l'accusation, l'a volé, a doublé sa fortune. Est il vrai que nulle part la vicinalité, les chemins de fer, les bâtiments, ont reçu une aussi admirable impulsion ? C'est bien quelque chose ! Vous avez parlé de ses fautes, parlez aussi de ses vertus publiques; aussi comme on l'aime ! On s'amuse à parler de ses fautes. Eh bien ! je vous parlerai de la grandeur de cette administration. Heureux les départements qui savent apprécier les hommes de cette valeur !

A Dinan, à Mende, à Evreux, il a su s'attirer un dévouement qui ne l'abandonnera jamais.

A Evreux, quand sa disgrâce a rive. le wagon s'éloigne ; on ne crie plus : « Vive le préfet ! » on crie : « Vive le futur député ! »

M. le président. — Il ne faudrait pas que le ton de la discussion changeât.

Me Homais. — Mettons le mot attaque. J'ai regretté cette incursion dans la vie privée ; M. Janvier n'a jamais été un hypocrite de vertu. N'a-t-il pas répondu lui-même qu'il avait eu bien des choses à se reprocher, qu'il les avait cruellement expiées. Je n'ai point d'autre réponse à faire, vous apprécierez le compte que vous devez tenir de ces faits mal connus vagues, pour lesquels il ne pouvait être traduit devant vous, qui ne reposent que sur des renseignements de police quelque peu exagérés. M. Demarquay a parlé du jeu ; je pourrais produire des lettres des cercles dont M. Janvier faisait partie, d'où il résulte qu'il ne jouait jamais.

Le ministère public a fait allusion à des renseignements fournis par le commissaire de police d'Evreux, et il a lancé dans le débat des propos inconnus par le jury, celui des langoustes ; ce propos a été puisé dans un numéro du *Gaulois*. Vraiment, le spirituel rédacteur du *Gaulois* qui, bien innocemment, avait fait cette plaisanterie, ne s'attendait pas que le ministère public s'emparerait de ce mot et chercherait une autorité contre M. Janvier dans un article de journal

Passons sur de tels détails, étrangers vraiment à l'affaire, qui n'auraient d'intérêt que si on établissait de la part de M. Janvier des dépenses exagérées.

On a parlé de 300.000 fr. dépensés dans des circonstances particulière, où est la preuve ? On a prouvé qu'une chambre de 12,000 fr. avait été donnée et rien de plus.

S'il a fait de larges dépenses, il a eu dans les mains des sommes considérables pour y faire face ; deux liquidations complètes ont eu lieu où personne n'a subi aucun préjudice et qui se sont élevées à 1,100 000 fr. Les faits reprochés à M. Janvier n'auraient produit que des ressources insignifiantes.

Je ne veux pas quitter ce sujet sans vous dire un mot sur la séparation de corps prononcée contre lui en 1860 Le ministère public a relevé les motifs non du jugement, mais de la requête, et on a dit dans les débats que M. Janvier avait fait plaider sa cause, c'était une erreur. Me Mathieu proteste contre l'inexactitude de ce fait dans une lettre à son confrère Lachaud.

M. le président. — C'est ce que j'ai dit, que M. Janvier avait seulement pris des conclusions, et que madame Janvier avait été défendue par Me Mathieu.

Après une suspension d'une demi-heure, le défenseur continue en ces termes :

Nous avons à examiner maintenant d'une manière complète les objections du ministère public, à nous expliquer sur deux ordres d'idées parfaitement distincts, les détournements, les faux.

Je m'occuperai d'abord du détournement des fonds cotonniers, accusation invraisemblable contre cet homme dont la générosité est reconnue incontestable et incontestée, et c'est lui qui aurait mis la main sur des fonds destinés à des malheureux ! S'il comparaissait devant le jury de l'Eure, personne n'y aurait ajouté foi, de votre part, il en sera de même

Sur cette question, je rencontre un arrêté qui rend M. Janvier reliquataire de 213,000 fr. Et cependant, les comptes ont été rendus devant le conseil général et devant la Cour des comptes. Ce sommes avaient été mises à sa disposition directe, sans aucune règle, pour en faire la distribution, en toute liberté.

Le ministère procédant ainsi, c'est-à-dire en dehors des règles ordinaires, le préfet agit de même, car, ne l'oubliez pas, ces fonds ne faisaient partie d'aucun budget.

Il ne reçut aucune instruction pour la distribution, aucune circulaire qui indiquât les mesures à prendre pour assurer les comptes.

Cependant des états des distributions ont été faits et ont été remis au conseil général.

M. Deschamps, en 1865, réclama des comptes devant le Conseil général. Ils furent rendus en 1866, et dans l'instruction, M. Halbout lui même reconnaît que les pièces produites ont été complètes.

Comment donc expliquer cet arrêté de débet ?

Restent les 157,000 fr. non compris dans ces comptes. M. Deschamps n'en avait pas demandé compte et il ne fut pas rendu ; il l'eût été si le désir en avait été exprimé.

Mᵉ Homais entre dans de grands détails, et établit qu'en 1868 la justification avait été faite complétement et qu'elle serait incontestable, si l'incendie de la Cour des comptes n'en avait détruit les éléments.

C'est en 1872 seulement, après quatre années que l'on réclame des comptes qui ont déjà été rendus.

Quand, dans un mémoire fictif on arrive à changer la véritable destination d'un fonds, si c'est pour une dépense départementale et réelle il ne saurait y avoir de crime.

J'entendais émettre dans l'exposé si bienveillant de M. le procureur général, cette théorie bien stricte, que les dépenses doivent être votées avant que d'être faites. Sans doute cela est une règle très-sage, mais peut-être cette théorie très-absolue pourrait avoir été modifiée par les paroles qu'hier M. le ministre des finances faisait entendre à titre de renseignement dans cette enceinte.

Il arrive, en effet, tous les jours qu'il y a des dépenses qui n'ont pas été votées, parce qu'elles étaient imprévues. Par exemple, quand on reçut à Evreux la nouvelle que l'empereur devait y venir, il fallait bien faire des dépenses, quoi qu'il n'y eut pas de fonds votés, ou bien alors il fallait dire à l'empereur : « Sire, l'année prochaine, on vous donnera des fêtes ; mais cette année il n'y a pas de fonds votés, nous allons nous contenter de vous faire un discours. »

Il n'en peut-être ainsi, personne ne le contestera. Il est donc nécessaire de recourir à des fonds nouveaux, exceptionnellement, je le reconnais ; et c'est ainsi que cela a eu présence des chiffres énormes sur lesquels a roulé toute l'administration de douze ans du préfet de l'Eure, environ 66 millions.

Ce sont des abus, cela peut être vrai, mais ce ne sont pas des crimes qui tombent sous l'application de la loi.

Au moment où M. Janvier revenait de Suisse, on discutait des faits de la même nature à l'Assemblée nationale.

Le rapporteur de la loi, M. Waddington, entretenait l'Assemblée de ces abus, qui consistent à appliquer des fonds destinés à un emploi, à une autre destination.

Et voici les paroles qui, alors devant les ministres, devant toute l'Assemblée, étaient prononcées par le rapporteur :

« Il y a donc là un abus que l'administration est impuissante à atteindre. »

Un membre : « De semblables abus sont commis dans tous les départements. »

Je pourrais bien nommer le département sans craindre de compromettre le préfet.

M. le président — Ne nommez pas c'est inutile

Mᵉ Homais — De pareils faits se sont passés dans les environs de Rouen, le résultat fut que le maire donna sa demission et que la commune a été privée des soins d'un des maires les plus honorables que je connaisse.

Donc le mémoire fictif n'est pas coupable en lui même, il ne suffit pas au ministère public de dire, vous allez nous rendre compte ou vous êtes coupable.

Non : le ministère public a une autre preuve à faire, c'est celle de l'appropriation personnelle Nous aurons donc à nous demander en examinant chacun des faits, y a-t-il eu une appropriation personnelle ? et il faut établir autre chose qu'un matériel, car sans cela bien d'autres accusés devraient être sur ces bancs; et d'ailleurs, les faits matériels n'ont jamais été l'objet d'aucune dénégation de la part de M. Janvier de la Motte.

Le débat doit être dégagé de deux faits de moralité relevés par M. l'avocat général.

Le premier est le fait Boulanger : une somme de 15,500 fr. empruntés personnellement par M. Janvier, et qui ont servi aux travaux du jardin. Il y a eu irrégularité en ce qu'on a représenté M. Boulanger dans le mémoire sous une qualité inexacte, mais les travaux que le mémoire a servi à payer ont été faits Le préfet en avait fait l'avance loin de commettre des détournements, et M. Halbout avait été mis au courant de cette affaire ; c'est lui qui en a organisé la comptabilité.

M. Halbout est un très-honnête homme, et il eût pu mettre plus de netteté dans sa déclaration : il avait eu peur, a-t-il dit, et s'était déterminé à donner sa démission. Par une lettre au préfet (le défenseur en donne lecture), il sollicitait au contraire, de rester, dans les bureaux de la préfecture. On a cherché s'il y avait eu un double emploi, et on n'a rien découvert, parce que les dépenses avaient été faites réellement et sincèrement.

Quant au fait relatif à la municipalité de Bernay, en 1864, M. Janvier a proposé 7,000 fr. à la ville de Bernay, en lui demandant de lui remandater 4,000 fr. dont il avait besoin pour le concours régional. Au point de vue de l'honorabilité, il y a-t-il là matière à critique ? M. Emile Vy, conseiller général, et M. Fosset maire, ont jugé la question.

Le défenseur discute ensuite les mémoires relatifs aux dépenses occasionnées par le passage de l'empereur en 1858, et à la fête donnée à l'occasion de l'inauguration du pont d'Andé, fêtes qui ont été approuvées de tout le monde, de tout le conseil général, et puisque tous ces conseillers généraux n'avaient point voté de fonds ils savaient nécessairement que les dépenses devaient être payées à l'aide de mandats fictifs; il arrive à examiner les dépenses faites pour le concours régional, cette fête extraordinaire que l'on a ni à admirer ni à blâmer et qui a été faite aussi de l'assentiment général, et qui a coûté beaucoup à M. Janvier au dire de tous les conseillers généraux. Pour cette fête M. Janvier de la Motte a eu pour auxiliaire M. Deschamps, son adversaire d'aujourd'hui, qui alors l'appelait son préfet « brave jusqu'à la témérité. »

Me Homais discute ensuite le mémoire Moutier, le fait Monnier, le mémoire Boussavit, etc.

Sur le fait Mézard, c'était, dit le défenseur, le seul fait constatant une appropriation personnelle; l'importance était bien minime, et pourtant M. Mézard déclarait devant le juge d'instruction qu'il n'avait fait qu'obéir à M. Janvier de la Motte. Celui-ci était bien étonné de cela et ne s'expliquait ce fait que par une erreur.

Mais voilà Mézard qui, devant le jury, à l'audience, fait une déposition contraire à la première. Il reconnaît de lui-même qu'il s'est trompé; il déclare que personnellement, M. Janvier de la Motte ne lui avait rien dit, et que c'était de son propre chef qu'il avait réuni les deux comptes. Donc, MM. les jurés n'attacheront pas plus d'importance à ce fait qu'à tous les autres : les faits Simon, Ciotti et autres qu'examine succinctement le défenseur, qui termine en ces termes :

C'est aussi avec ses propres armes que je veux combattre l'accusation. On a voulu savoir s'il y avait eu appropriation, on a ordonné une expertise, et l'expert proclame que pour l'appropriation le doute est le plus sérieux ; que les mémoires fictifs pouvaient représenter des sommes réelles. Voilà la déclaration qui est le mot du procès et qui rend toute condamnation impossible.

Quant à l'arrêté de débet et à la délibération du conseil municipal d'Evreux, ce n'est pas vous messieurs les jurés, qui pouvez connaître de ces réclamations, c'est une question à porter devant les Tribunaux civils ou administratifs.

Vous avez maintenant la certitude, messieurs les jurés, qu'il n'y a eu dans toute cette affaire que des virements et des procédés de comptabilité blâmable, mais qui ne peuvent être incriminés pénalement.

Le conseil général a donné à M. Janvier un bill d'indemnité, vous ne pouvez vous montrer plus sévères.

Vous n'avez plus qu'à vous préoccuper d'une seule question : avez-vous sous les yeux un homme qui ait volé, qui ait fait un profit quelconque, ou seulement un homme qui a tenu une comptabilité irrégulière ? Rappelez-vous toutes ces déclarations qui se sont produites à votre barre, tous ces témoins attestant l'honneur de M. Janvier, la déposition si chevaleresque de M. le marquis de Lagrange qui, à cette question : Si M. Janvier était capable de s'approprier des fonds publics, a répondu : « Jamais. »

La vérité est donc faite dans cette affaire ; votre conviction est établie dans vos consciences, rien ne la changera, mais au moins M. Janvier emportera dans ces débats cette satisfaction, immense, que ce sera après un examen public, consciencieux, qui aura été acquitté des accusations portées contre lui. Cette poursuite a été pour lui bien douloureuse, pour lui, pour sa femme, pour sa famille, qui avait fait tant de sacrifices.

Je ne saurais oublier ce que j'ai vu pendant sept mois de communication incessante avec cet homme qu'on ne peut voir, auprès duquel on ne peut vivre sans l'aimer, sans s'attacher à cette mère, à cette épouse, à ces enfants qui, par ma voix, vous demande de le remettre en liberté.

L'audience est levée à huit heures.

L'affaire est renvoyée au lendemain dimanche à dix heures et demie.

Audience du 3 Mars 1872

L'audience est ouverte à dix heures et demie.

Me Frère aîné présente la défense de l'accusé Bourguignon.

Messieurs, dit le défenseur, si nous nous trouvions devant une juridiction ordinaire, déjà les magistrats m'auraient interrompu, et comme il est d'usage quand ils se trouvent suffisamment éclairés par des explications fournies au cours des débats, ils me diraient ces mots: « La cause est entendue !» Pour le défenseur, ces paroles signifient: Votre plaidoyer devient inutile, vous avez gagné votre procès ! Mais, je le regrette, devant votre juridiction, il ne peut en être ainsi ; malheureusement, M. le chef du jury ne peut nous adresser le même avertissement bienveillant, qui pourtant, j'en suis sûr, est formulé dans votre pensée.

A côté de certaines concessions, M. l'avocat général a fait à mon client des reproches amers. C'est là seulement ce qui me met dans l'obligation de prendre la parole, car il ne suffit pas que M. Bourguignon sorte acquitté juridiquement de cette enceinte; il faut qu'il en sorte acquitté moralement.

Le défenseur examine les faits formant la base de l'accusation dirigée contre son client; quant à l'intention, elle est déjà écartée par la loyale appréciation de M. l'avocat général; mais il a profité, dit-on, de ces irrégularités, il a touché 5 pour cent sur les mémoires qu'il vérifiait.

Permettez-moi de vous faire remarquer, continue le défenseur, que la solution de cette question dépend de la solution de la première. Les treize mémoires d'illuminations de Lavollée dit Poignant, représentaient bien des dépenses départementales. et, par conséquent, M. Bourguignon devait les vérifier et prélever ses honoraires. Il en est de même dans toutes les circonstances qui étaient relevées par l'accusation.

J'en ai déjà trop dit, ajoute le défenseur en terminant. Hélas ! je ne veux pas retarder d'une minute l'heure de votre verdict ; à quelque moment qu'il soit prononcé, il arrivera toujours trop tard. A cet âge avec les infirmités, on ne recommence pas la vie, et de pareilles épreuves ont leurs douleurs et leurs dangers. Quelle que soit votre décision, cet homme sera à jamais malheureux.

Permettez-moi d'ajouter que je regrette d'autant plus ce procès que le moment me paraît mal choisi ; tous les principes d'autorité à cette époque sont incessamment battus en brèche et par les flots les plus contraires. Je ne puis m'empêcher de partager les inquiétudes qui se manifestent dans l'opinion publique, et c'est pourquoi j'exprime le regret d'avoir vu soulever ce procès, quand le calme nous est devenu si nécessaire.

M° Vaucquier du Traversain présente la défense de l'accusé Boulanger en peu de mots. Le défenseur croit pouvoir être très bref, imitant en cela le réquisitoire du ministère public, dans lequel son client a heureusement trouvé peu de place. Il rappelle les antécédents honorables de M. Boulanger, à la probité, à la capacité duquel tous les témoins ont rendu hommage, et il demande pour son client un acquittement. Sans doute ce ne saurait suffire ; mais la réhabilitation morale à laquelle Boulanger a droit a déjà été commencée par M. l'avocat général, l'opinion publique la complétera.

M° Ducoté présente la défense de l'accusé Vittecoq, maire de la commune de Beaumont-le-Roger, membre du conseil général. Le défenseur présente son client, fils de cultivateur, allant à l'école à quinze sous par mois, conduisant la charrue, puis employé à 150 fr. par an chez un négociant de Rouen, et enfin partant à pied, le sac sur le dos, pour aller étudier tous les établissements de minoterie de France.

C'est en passant par ces honorables épreuves qu'il est arrivé à la situation qu'il s'est faite ; c'est un des plus riches industriels du département de l'Eure, et comment a-t-on pu seulement supposer qu'il ait songé un seul moment à son profit personnel, en faisant imprudemment cette surcharge, dans laquelle il ne voyait qu'une simplification.

M° Ducoté donne lecture des dépositions de plusieurs membres du conseil municipal, qui déclarent que la surcharge avait été « délibérée » et décidée en plein conseil municipal. Enfin, dans le compte administratif que rend le maire tous les ans à son conseil municipal, figure la

mention des deux mandats, celui de 4,000 fr. et celui de 2,000 fr.

Quand l'administration municipale, à la tête de laquelle était M. Vittecoq fut renversée, la nouvelle administration émit la prétention de réviser les comptes de l'exercice précédent, de là la supposition que M. Vittecoq avait gardé les 5,000 fr. que lui avait remis Raimbert à la gare, de là les libelles pour et contre.

Le défenseur termine en disant qu'il tient peu à ces charités qui se font avec trop d'apparat ; celles de M. Vittecoq dans la commune de Beaumont n'ont pas ce caractère. J'ai les mains pleines de documents nombreux, dit M° Ducoté ; ces documents passeront sous vos yeux ; je les déposerai dans la chambre des délibérations et vous vous convaincrez que le moulin de Beaumont était transformé en un véritable bureau de bienfaisance !

L'audience est suspendue à une heure un quart ; elle est reprise à deux heures et demie.

M. le président. — L'audience est reprise ; vous avez la parole, M. le procureur général.

M. le procureur général s'exprime en ces termes :

Messieurs les jurés, tout a été dit au point vue du débat, je me reprocherais de retenir votre attention. Les faits sont parfaitement connus, leur existence est établie, les circonstances sont constatées, je n'y reviendrai donc pas. Quant à leur caractère, quant aux principes qui doivent vous guider dans leur appréciation, je veux faire quelques observations, je les présenterai sans passion, sans amertume ; la justice n'a ni passion, ni irritation, ni sympathie, ni haine. Elle juge avec fermeté, avec modération. Comme vous, messieurs les jurés, je ne m'écarterai pas de ces principes.

Les passions qui se sont agitées autour de cette affaire ne doivent pas pénétrer cette enceinte. Si elles parvenaient à le faire, elles viendraient expirer aux pieds du jury. Nous examinerons le caractère des faits ; nous chercherons ce que l'accusation reproche à M. Janvier : les crimes de détournement et de faux. Les éléments de ces faits ont un caractère commun, leur nom suffit pour dire que l'inculpation porte sur la délicatesse des accusés. M. Janvier proteste ; de nombreux témoins sont venus ici attester qu'ils le tenaient pour un caractère droit, honorable, incapable de prévarication.

Au cortège de ces amitiés sincères sans doute, honorables, nous le reconnaissons, désintéressées, personne ne le conteste, qu'avons-nous à opposer ? Assurément nous n'avons pas à demander compte à qui que ce soit de sa sympathie pour l'accusé, nous vous demanderons toutefois si ces amitiés sont justifiées, si son passé est digne des témoignages favorables qu'il a reçus.

A ce point de vue, nous nous sommes préoccupés de ses antécédents, de sa moralité ; nous l'avons fait dans la stricte mesure. Ce devoir nous était imposé ; nous croyons n'avoir pas excédé les justes limites dans la forme de l'étendue de notre accusation.

Il a été nécessaire de lever, dans certaines

circonstances, le voile qui couvrait le tableau de la vie du préfet de l'Eure. Il a été nécessaire d'exposer au jury ce qu'il avait été pendant douze ans. Ce n'est pas pour l'accusation une satisfaction cruelle qu'elle se donne; ce n'est pas pour chercher à ajouter une douleur à tant de douleurs, pour joindre à tant d'opprobres de nouveaux opprobres, pour essayer de faire monter encore la rougeur au front de l'accusé. Ceci n'est pas le rôle de la justice; ce serait circonscrire l'accusation bien étroitement que de vous dire :

En dehors du fait, vous n'avez rien à voir. Aucune question autre ne doit se présenter devant vous. Vous ne pouvez demander quel a été son passé. Prenez le fait en dehors de toutes préoccupations étrangères. Non. Vous êtes jurés pour pouvoir décider souverainement; vous devez considérer tout ce qui entoure l'affaire. Cela constitue le domaine inaliénable dans lequel vous devez puiser votre décision.

L'homme tout entier vous appartient; tout ce qui constitue l'être moral, vous avez le droit de vous en emparer. Voilà pourquoi nous vous avons rappelé la vie privée, ce que l'on a appelé ses égarements, ce que nous appelons ses désordres.

Laissons dans l'ombre ces turpitudes. C'est un tableau que nous ne voulons pas remettre devant vous; mais au point de vue de la culpabilité, ce n'est pas seulement le fait même incriminé qu'il faut examiner. Il faut savoir quel est l'homme à qui nous reprochons des détournements et des faux; il faut savoir qu'il était dans une position pécuniaire telle, que toute probabilité l'accable.

Ici le tableau a été aussi complet et aussi triste que possible, non pas parce qu'il a établi l'énormité des dettes de M. Janvier, mais parceque l'énormité de ce passif n'est point le résultat des circonstances fatales, mais provient de ses fautes et de ses désordres.

A Mende, il était obéré, il empruntait pour partir; à Evreux il se met en relations avec Fronteau, qui puisait bientôt dans la caisse du receveur général pour faire face aux billets que lui avait fait endosser le préfet de l'Eure.

A peine arrivé à son nouveau poste, M. Janvier est cité devant le Tribunal de commerce, parce que chaque jour le nombre et l'importance de ces dettes étaient accrus par ses désordres.

Les poursuites ont lieu sous toutes formes et elles se succèdent si vite qu'en dix huit mois, 90,000 fr. de protêts ont dû être signifiés. Voilà la situation pécuniaire de M. Janvier à côté de sa situation morale. Ici, je le répète, si nous entrons dans ces pénibles détails, nous y sommes absolument obligés. Nous devons rechercher si M. Janvier n'en était pas arrivé à cette situation où, pour échapper à la tentation de prévariquer et pour résister aux incitations les plus malsaines, il fallait une sévérité de principes que l'accusé avait depuis longtemps oubliée.

Si une accusation de faux s'élevait contre un homme au passé pur, qui n'eut dilapidé ni sa

fortune ni celle des deux femmes qui ont lié leur sort au sien, combien l'accusation serait invraisemblable! Et si cet homme au passé intact nous attestait sur l'honneur qu'il n'a rien commis qu'on puisse lui reprocher, vous devriez tenir un grand compte de son affirmation.

Mais est-ce la situation de M. Janvier? Nous voyons ici pour la première fois un accusé se prévaloir de l'énormité de ses dettes, et invoquer leur chiffre comme sa justification. Pourquoi dit-il, aurais-je touché aux deniers publics, puisque que je trouvais à emprunter un million? Mais ces dettes énormes, 1 million de dettes ! ce n'est pas lui qui les a payées; mais ce million avancé a-t-il comblé les dépenses sans bornes de M. Janvier? Où sont les limites dans un budget semblable ?

Avec une prodigalité et des désordres de chaque jour, qui peut nous dire s'il s'est arrêté à ce chiffre et si ces dépenses énormes n'ont pas atteint encore de plus grandes proportions ?

M. Janvier parle de la délicatesse. Quoi, après cette liquidation de 1861, faite avec l'argent de sa famille, il a continué ses désordres. Il n'avait plus rien à lui, a-t-il changé son genre de vie? Non, affranchi de toute contrainte, seul dans cette préfecture qu'il déshonorait chaque jour par ses débordements, devenus le scandale public, il continuait à emprunter, sachant qu'il ne pourrait plus rendre, n'ayant rien à lui.

En 1868, quelques jours avant sa seconde liquidation, il connaissait les lourds sacrifices que sa famille s'était imposés pour éteindre ses premières dettes. Il savait que 700,000 fr. allaient lui être réclamés, et c'est alors qu'il se marie avec une femme à laquelle tout le monde ici rend hommage. Sa situation si obérée va se dévoiler; il la dissimule soigneusement. Est-ce de la loyauté, de la délicatesse? Sont-ce là ces sentiments chevaleresques dont on nous a tant parlé et dont il n'aurait jamais cessé d'être animé ?

Voilà la situation morale, voilà la situation pécuniaire de l'homme que vous avez à juger.

La justice reste libre et indépendante dans ses appréciations comme vous-mêmes, messieurs, comme-vous qui avez à examiner jusqu'à la fin des éléments de l'accusation.

M. Janvier a-t-il commis des détournements? A-t-il commis des faux? Je le disais tout à l'heure; ce sont là, assurément, des questions qui ne peuvent être résolues avec la seule connaissance des antécédents de M. Janvier. Mais ce n'est pas ainsi que procède la justice; elle ne vous convie pas à une exécution sans examen; votre mandat est plus haut, plus élevé que celui-là. Mais quand vous vous formerez vos convictions, ces indélicatesses, cette situation obérée, ces désordres, devront entrer dans la balance de votre justice; vous devrez y peser tous les éléments.

Examinons les faits de nature diverse qui sont reprochés à M. Janvier. Le premier détournement porte sur les fonds cotonniers. Sur ce point quel est l'état du débat? M. le procureur général rappelle les faits et cite les chiffres.

Assurémen', si nous avions à examiner l'administration de M Janvier, nous demanderions s'il a été fait un bon emploi de ces fonds remis à sa garde. Lorsque nous savons que les sommes destinées aux ouvriers sans travail ont été employés au concours régional ; lorsque nous savons que ce concours pour des artisans malheureux a servi à construire des jardins, des squares, des fontaines qui ne devaient durer que quelques semaines ; lorsque nous savons qu'il ont servi à attirer à cette fête des pompiers, des personnes qu'on faisait boire et manger, qui retournaient ensuite répéter dans leurs communes les merveilles de l'administration de M. Janvier, assurément nous pourrions dire que c'est là un mauvais emploi des fonds cotonniers. Ces dépenses uniques n'avaient pour but, que de satisfaire la personnalité du préfet, qui voulait s'entendre louer dans la presse Tout cela n'est pas le fait d'une sage et sérieuse administration. Je passe donc, je vous l'ai indiqué, parce que cela explique la popularité qui l accompagne encore dans le département qu'il a administré pendant douze années. Quoi qu'il en soit, rentrons dans les faits.

En dehors des fonds dont le préfet n'avait pas le maniement, c'est à-dire les fonds qu'il devait distribuer par mandats il y a 66,000 fr. qu'il a reçus, provenant d'une souscription, et 147 000 fr. provenant du ministère de l'intérieur. Quel a été l'emploi de ces 213,000 fr. dont il a à rendre compte? Il y a eu, dit-on, justification donnée au Conseil général et au ministre des finances. Au Conseil général? En effet. il est constaté qu'en 1866 le conseil s'est occupé de cette question. Mais, de quelle somme a-t-il justifié ? Ici, il faut écarter toute confusion

M. le procureur général cite le chiffre des sommes des fonds cotonniers dont M. Janvier n'a pas donné de comptes, c'est-à-dire les 147,000 fr. venus de Paris, dont il n'a jamais justifié. D'après l accusation, le conseil général, ne sachant pas que cette somme fût entre les mains du préfet, n'a pu lui en demander compte. Donc, le conseil général a eu des justifications. C'est vrai, mais des justifications incomplètes, et, en outre, le conseil. ayant confiance dans la droiture, la parfaite loyauté du préfet ne s'est point appesantie sur ces justifications

Evidemment, le conseil général abordait cet examen avec une opinion favorable au préfet, Cependant, nous devons dire : Il a accepté, nous acceptons aussi, mais il n'a pas justifié de toute la somme.

A côté de ce document du conseil général, il s'en place un autre tardivement produit. Nous n'avons pas le droit de nous en plaindre C'est une note de M. Halbout. Nous acceptons cette note. Elle est informe, incomplète ; nous n'en avons que des fragments ; cependant, nous l'acceptons, quoiqu'elle soit incompréhensible en certains endroits. Qu'en résulte-t-il ? C'est que M. Janvier est parvenu à établir la répartition dans le département de l Eure d'une somme de 24,000 fr. à laquelle s'en joint une autre de

21,275, restée dans les sous-préfectures de l'Eure , le tout formant un total de 45,275 fr·

Si on y ajoute un report inexpliqué de 17,560 fr., nous avons un total de 62.685 fr., formant l'ensemble des sommes dont M Janvier aurait justifié l'emploi au conseil général.

L'accusation a fait des recherches, à ce sujet, elle était dépourvue de documents ; elle a demandé à l'accusé de l'aider dans ce travail. Il a déclaré que son éloignement, ses déplacements continuels, l'empêchaient de fournir aucune justification. Enfin, nous ne pouvons pas ne pas remarquer que M. Janvier qui retrouve, avec tant de facilité, la note de M. Halbout a été bien prompt à détruire ces justifications qu'il a faites au conseil général. Il est étonnant que M. Janvier, qui conserve tout, qui a tout retrouvé pour l'usage de ses défenseurs, n'ait rien fourni, lorsqu'il était interpellé par la justice !

Quoi qu'il en soit, nous admettons les justifications représentées au conseil général, et les chiffres que je viens de citer.

L'accusation ne prétend pas, d'ailleurs, établir les détournements de la totalité de la somme, elle ne relève le détournement que sur la partie des 213,000 fr.

M. le procureur-général aborde ici la question des enquêtes. Il constate, avec elles, les distributions de M. Janvier, il les rapproche de la note Halbout, et en tire, comme l'avocat général, des inductions irrésistiblement favorables à l'accusation.

Mais où sont les justifications des 147,000 fr.?

Il a été donné, dit-on, d'abord la justification pour 98,000 fr , puis pour 49,000 fr. Cet état a été donné ? à quelle époque ? dans quelles circonstances ? dans quelles formes ?

C'est au ministère des finances qu'on a fourni les comptes. Pourquoi ? A trois reprises, le ministre de l'intérieur a réclamé des justifications il a fait parvenir des réclamations de la Cour des comptes ; elles ont été renouvelées depuis par le ministre de l'intérieur, conformément à la hiérarchie.

Le préfet relève du ministère de l'intérieur. Cependant, c'est au ministère des finances qu'elles sont adressées ! Est-ce naturel ? Ah ! je crois bien que si le ministère des finances n'avait pas été brûlé, et si les arch ves n'avaient pas été consumées, M. Janvier n'eût pas tenu le même langage. Les archives du ministère de l'intérieur sont intactes ; aussi M. Janvier dit-il, contrairement à toutes les règles, que ses justifications ont été faites au finances ! Dans quelle forme? officielle ? par correspondance ? officieuses ?

Qu'eût fait, d'ailleurs, le ministère des finances ? Il eut transmis les justification à son collègue de l'intérieur. On les retrouverait aujourd'hui. Est-ce en dehors des règles ; en tête-à-tête ? en conversation ?

Quel est ce ministre ? M. Janvier a fait appeler M. Pinard ; il valait mieux appeler le ministre qui, d'après l'accusé, a reçu en confidence sa justification.

Voilà où en sont les choses, quand nous voulons presser les déclarations faites avec tant d'assurance.

M. Janvier a trompé le conseil général quand il lui a présenté ses comptes sur une partie seulement des sommes reçues. Il vous trompe encore aujourd'hui quand il vous dit qu'il s'est justifié devant le ministre des finances.

Faut-il, après avoir constaté l'inanité des allégations de l'accusé, vous dire que ce n'est pas à la légère que le ministre de l'intérieur a fait déposer au dossier ce document qui constate la créance de l'Etat ? Ce document a été vivement critiqué dans cette enceinte. Je n'ai qu'une chose à dire à cet égard. Il émane de celui qui avait le droit et le devoir de le produire. Le préfet relève du ministre de l'intérieur, celui-ci dirige la comptabilité administrative ; lui seul devait rendre un arrêté de débet. Les journaux disent que M. le ministre mis en cause vendredi a écrit au procureur général pour lui demander la vérité sur l'incident qui s'est produit ici ; pour savoir si le document qu'il a envoyé dans la plénitude de son droit avait été l'objet des critiques qu'on lui signale. Les journaux ne font que constater la vérité. M. Casimir Périer, l'ancien ministre de l'intérieur, a écrit réellement la lettre dont on parle.

Pour nous, sans insister davantage sur cet incident, nous maintenons que l'arrêté a été légal et qu'il a été rendu par celui qui en avait le droit, et qui ne s'est pas engagé à la légère.

Tels sont les faits sur lesquels s'appuie le chef de détournements.

D'une part, des fonds ont été versés au préfet, nous en avons la date ; de l'autre, l'emploi de ces sommes a été justifié, seulement pour une partie minime et avec des dissimulations qui nous font voir l'intention évidente de cacher les 147,000 fr. envoyés par le ministre de l'intérieur. L'accusé dit que les preuves des distributions faites par lui ont été envoyées au ministre des finances ; ce sont des allégations qui ne surprendront pas votre confiance.

Voilà la première catégorie des faits que nous relevons.

En les résumant de près, on arrive à les faire rentrer dans les termes simples.

A côté de cela, il y a la nombreuse catégorie des faux

D'abord, quels sont les caractères des faux, les principes de la matière ?

Pour qu'il y ait faux, il faut qu'il y ait un préjudice réalisé ou rendu possible.

Est-il nécessaire que ce soit un préjudice pécuniaire ? Non.

Le faux peut enfreindre ou l'ordre général ou l'ordre social, sans porter atteinte aux intérêts particuliers.

Voyons ce que sont les mémoires fictifs que l'on a voulu couvrir d'une prétendue légalité. Messieurs, il y a une autorité supérieure à toute

opinion, c'est l'autorité de la loi ; en dehors de la loi, il n'y a rien.

Or la loi, quelle est-elle ? Est-ce que le virement et le mémoire fictifs sont choses pareilles ? On a parlé du sénatus-consulte de 1861. Voyons ce qu'il a décidé. A cette époque, on supprima les budgets supplémentaires, et on autorisa le virement. C'est-à-dire l'on donna la permission de prendre dans le budget d'un même ministère, à un chapitre pour suppléer à un autre chapitre.

Mais il fallait un décret pour faire ce virement. Pour les budgets départementaux, cela ne pouvait avoir lieu. Voilà la loi. Pas d'équivoque possible.

Est-il vrai qu'il y ait eu des abus tolérés dans l'administration française ? Vous avez vu M. Pinard, vous l'avez apprécié, le ministre qui s'est ému de quelques irrégularités administratives qu'il trouvait dans la préfecture d'Evreux. Pensez-vous qu'il aurait toléré de semblables agissements, s'il les avait connus ?

J'en ai assez dit sur ce sujet. Non, messieurs, il n'y a pas de corrélation entre le virement et le mémoire fictif, l'un peut être utile, l'autre ne peut être permis ; les mémoires fictifs et occultes ne sont autre chose que des mandats faux, qui dénaturent la vérité, qui substituent la fantaisie à la règle, et qui servent à couvrir la prévarication, lorsqu'ils se font comme nous les avons vu faire dans l'administration de l'Eure.

Le faux administratif y est régulièrement institué ; il y a des gens hiérarchiques pour le réaliser, il y a des bureaux où on le fabrique : tout le monde s'y associe, tout le monde concourt à ce système. qui est l'obscurité même, l'indécision, selon nous, la prévarication, et tout cela, lorsque des jugements sont rendus contre M. Janvier, lorsqu'il est obéré, lorsqu'il se débat dans les expédients ! On ne peut pas tolérer de pareils agissements !

Laissez-moi protester et comme citoyen et comme magistrat, contre ce système impossible. Assurément, la pensée du ministère public n'est pas que toute irrégularité administrative doit aboutir à la Cour d'assises. Non. Lorsque la bonne foi est certaine, le magistrat pourra, le premier, excuser l'irrégularité, mais, lorsque la fraude a été élevée au rang d'une institution administrative, alors la justice a le droit d'intervenir.

Elle a le droit de demander à l'accusé ce qu'il a fait des fonds qui lui sont confiés, de le condamner alors, parcequ'il y a criminalité, parcequ'il y a attentat à la loi.

Les justifications sont-elles mieux faites pour l'emploi des mémoires fictifs et des mandats faux ?

Encore ici, nous nous trouvons en face de ces affirmations que la procédure repousse, que la nature de l'affaire elle même n'admet pas !

M. le procureur général examine les mandats

de la fête de l'empereur. Quels frais ont-ils servi à acquitter ? M. le procureur général se le demande en vain ! Ils n'ont pas acquitté des frais de police extraordinaire, elle a été payée par le budget de la police ? Des services de la voirie ? Non, car ces services ont été faits par les cantonniers. Où donc ont été les frais acquittés par ces mémoires ? C'est impossible à expliquer ! On dit : les circonstances étaient pressantes ! Quant aux justifications, elles sont impossibles !

Irons-nous plus loin, parlerons-nous du pont d'Andé ? C'est une fête coûteuse, organisée en dehors du conseil général, quand on la prévoyait cependant, l'inauguration a eu lieu en décembre, et c'est en juin qu'on ouvre une régie fictive.

Dans le concours régional, même obscurité, même impossibilité de se justifier. On aurait acheté des fleurs en immense quantité ; nous avons fait une enquête, et rien n'établit l'énormité des sommes qui auraient été ainsi dépensées suivant M. Janvier.

Pour le concours régional, il y a eu seize faux représentant 50,000 fr. ; dès le mois de mars, la caisse municipale paie à livre ouvert, et cependant c'est la nécessité de régler les notes qui, suivant l'accusé, aurait fait entrer ces 50,000 fr. dans la caisse du préfet.

Je ne m'étendrai pas sur les autres faits relevés par l'accusation, et cependant les faits de Gravigny, de Beaumont et de Bernay ont tous les caractères qui constituent la criminalité.

(Ici M. le procureur général lit les instructions du ministre de l'intérieur sur les virements.)

Le ministre recommande absolument de veiller à ce qu'aucun abus ne s'introduise dans la pratique. Il engageait les préfets à se renfermer dans l'observation des votes du conseil général, et surtout à ne jamais augmenter les dépenses personnelles qu'on leur avait votées.

Et c'est en présence de ces instructions que M. Janvier prétend justifier les faux qui ont servi à embellir le jardin de la préfecture.

Voilà la vérité, messieurs ; les lois ont été violées, foulées aux pieds par un système sans scrupule qui n'a suivi nulle règle. Tout a été méconnu à la préfecture, les intérêts moraux ont été foulés aux pieds ; vous en comprenez les funestes conséquences pour ceux qui ont eu cet exemple, vous en avez la preuve en voyant des hommes honorablement connus qui ont subi l'ascendant du préfet.

Tous les accusés ont une part de responsabilité. Il y a d'autres hommes qui auraient pu venir à côté des quatre accusés, mais la justice a pensé qu'elle ne devait rechercher que ceux qui avaient le plus méconnu leurs devoirs. Elle a cru que, pour MM. Bourguignon, Boulanger et Vittecoq, leur responsabilité était suffisamment engagée pour qu'ils eussent à en répondre. Aucun d'eux, sauf M. Bourguignon, n'a profité de ces actes criminels. Vous apprécierez si la subordination où ils se sont trouvés peut détruire les charges qui résultent, pour eux, de faits accomplis dans une coupable connivence.

Vous n'oublierez pas combien ces hommes-là étaient instruits.

Vous examinerez ce qui concerne les trois accusés et la situation de l'accusé principal ; vous examinerez cette situation avec fermeté, en hommes résolus à accomplir leur devoir, à l'appliquer avec indépendance, avec liberté. Que votre conscience vous inspire dans l'accomplissement de ce devoir pénible ; oui, il est pénible, mais il n'est pas au-dessus ni de vos lumières, ni de vos consciences, ni de fermeté. (Vive émotion.)

M. le président. — La parole est à Me Lachaud.

Me Lachaud. — Il y a donc encore une accusation ? Depuis deux jours, je m'en étonne ! depuis deux jours, elle me semblait impossible. Après les débats qui se sont produits ici, l'acquittement est certain parce qu'il est juste. À l'honneur du pays, je croyais cette accusation abandonnée, car j'avais vu les hommes les plus illustres se porter garants de M. Janvier. Ces hommes portent les noms que vous connaissez ; ils ont cette honorabilité qui en impose à tous.

Vous avez vu le premier ministre de l'Etat, cédant au mouvement de sa conscience, se souvenant de son serment, se dégager de toutes les préoccupations politiques. Il répond que M. Janvier, et de semblables témoignages n'établiraient pas une barrière entre l'accusation et ceux qui sont ici ! La France serait trop abaissée s'il en était ainsi.

Eh bien ! puisqu'il le faut, nous allons recommencer cette discussion. Ils sortiront malheureux de cette enceinte, car on ne peut s'asseoir sur ces bancs sans en conserver une éternelle douleur, mais ils sortiront honnêtes, respectés. Leur acquittement aura un nouvel éclat.

M. Janvier ! sa vie privée vous appartient ; nous faisons notre confession. M. Janvier a commis des fautes, il a oublié le devoir conjugal. Il l'avoue, vous l'avez fait rougir. Vous avez causé une souffrance à ceux qui l'aiment, et laissez-moi vous dire que c'était bien inutile. Il se sera égaré dans des liaisons faciles, et pour cela ce sera un voleur ! Il était jeune, séduisant, et ce n'est peut-être pas toujours lui qui a engagé la première bataille.

Que ceux qui, magistrats, fonctionnaires, n'ont pas péché l'accablent, il sera malheureux ; mais quelques-uns auront de la commisération pour lui. Un magistrat loyal, comme ceux que j'ai entendus ici, ne veut pas une condamnation sur la question de sa vie privée. Voilà l'homme privé ; mais il faut bien aussi que nous fassions le portrait de l'homme public.

Qui donc en a connu un meilleur, plus actif, plus intelligent ? Ses juges administratifs l'ont déclaré ici.

L'Eure avait besoin d'un administrateur exceptionnel ; cet homme qui, suivant l'accusation, l'a volé, a doublé sa fortune. Est-il vrai que nulle part la vicinalité, les chemins de fer, les bâtiments, ont reçu une aussi admirable impulsion ? C'est bien quelque chose ! Vous avez parlé de ses fautes, parlez aussi de ses vertus publiques ; aussi comme on l'aime ! On s'amuse à parler de ses fautes. Eh bien ! je vous parlerai de la grandeur de cette administration. Heureux les départements qui savent apprécier les hommes de cette valeur !

A Dinan, à Me de, à Evreux, il a su s'attirer un dévouement qui ne l'abandonnera jamais.

A Evreux, quand sa disgrâce arrive, le wagon s'éloigne ; on ne crie plus : « Vive le préfet ! » on crie : « Vive le futur député ! »

Non, il n'a pas diminué la moralité de ce département, c'est une phrase éloquente, mais c'est seulement une phrase.

A quel signe reconnaissez-vous que le département de l'Eure porte une tache au front ? C'est une phrase, c'est une exorde ou une péroraison, mais ce n'est pas vrai. Dites-moi s'il est un département où les écoles ont été ouvertes à la jeunesse d'une manière plus sérieuse, plus chrétienne ; s'il y a un département où les malheureux ont été plus soignés ? Voilà ma réponse au niveau dont parlait M. l'avocat général. Voilà l'homme public, privé ! Il faut être court, et j'arrive aux faits.

Il a été dénoncé le 22 septembre ; mais voyons, la main sur la conscience, est-ce l'amour du bien qui a poussé ses dénonciateurs ? Messieurs, cette date du 22 septembre a été fatale pour eux.

Avant-hier, vous avez entendu la déposition d'un ministre ferme qui, tout en disant qu'il avait été obligé de révoquer M. Janvier, disait aussi que le Code pénal n'avait rien à faire ici. Il vous a dit que ceux-là qui avaient porté la plainte, en 1870, pouvaient le faire en 1868 : leurs noms sont dans la cause, leur nom sera dans l'histoire. Comment ! au moment du deuil général de la patrie..., il s'est trouvé des hommes manquant de patriotisme .. qui ont voulu se débarrasser d'un candidat qui les gênait. Ils ont voulu exercer une vengeance ; et alors, on a instruit la justice ; elle a dû faire son devoir.

Messieurs les magistrats, laissez-moi vous le dire : La justice est dans cette affaire ce qu'elle est toujours, modérée bienveillante. On lui a dénoncé un homme qu'on disait coupable, c'était son devoir de poursuivre ; ah ! si la justice était toute-puissante, elle n'aurait pas commencé par une extradition de ce genre ; il y a dans les nations voisines des criminels... des assassins... des incendiaires... des bandits .. ce ne sont pas des criminels politiques... Eh bien ! l'extradition est un procédé si extraordinaire qu'on ne peut la demander que pour un préfet de l'empire. Mais quand cette instruction allait être terminée, on a voulu réparer une omission ; ah ! il y a là quelque chose sans précédent dans les annales judiciaires ; l'arrêté du ministre de l'intérieur, qui déclare M. Janvier reliquataire, quel est-il ?

Le ministre de l'intérieur, le 22 janvier, sans entendre M. Janvier, sans entendre sa défense, le déclare reliquataire de 213.000 fr. Ce n'est pas là la justice ordinaire, ce n'est pas la bonne justice.

M. le procureur général reconnaît qu'il y a exagération dans la demande si M. le ministre de l'intérieur s'est trompé.

Qu'est-ce à dire que cet arrêté que M. le procureur général reconnaît lui-même exagéré ? Est-ce un arrêté sérieux ? Est-ce une pièce de forme ? Est-ce un moyen d'accusation ? Si cela est, je le regrette pour la justice.

Le ministre des finances vient ici, et, en honnête homme, il vous a dit : « M Janvier ne doit rien. Moi seul puis lui demander quelque chose, et je ne lui demande rien, parce que je ne puis rien lui demander. »

Avez-vous vu souvent une scène semblable ?

Cela est instructif. Je m'inquiète peu des conséquences politiques que cela peut avoir, mais je dis : « Quand des faits comme ceux-là se présentent dans une affaire, la cause est jugée. »

On nous dit : « M. Casimir Périer s'est inquiété ; son successeur s'en inquiète, s'émeut. Il y a une correspondance engagée. » Eh bien ! que M. le procureur général me permette de le lui dire : quand il répondra à M. le ministre il pourra lui dire que cet arrêté n'est pas régulier ; il pourra même ajouter que, s'il désire connaître le nom du rédacteur, je suis prêt à le lui donner. Voilà la pièce, elle est jugée.

J'arrive aux faits, et je suivrai l'ordre pris par M. le procureur général. D'abord, les fonds cotonniers.

Voler aux malheureux ! lui, le prodigue ; lui, qui donnait toujours et partout, qui s'appauvrissait. Est-ce possible ? Est-ce que ce n'est pas un crime insensé à admettre ? Je vous montrerai qu'il n'a rien volé.

Quand on accuse de libertinage un homme qui a toujours été d'une conduite irréprochable, que dit-il ? Voyez ma vie Quand on accuse un magistrat de forfaiture, que dit-il ? Voyez ma vie de magistrat honnête, et dites s'il est possible que j'aie forfait à l'honneur. Le premier juge vient de la conscience.

Eh bien, Janvier, cet homme donnant partout, vous en convenez, qui a dépensé 2 millions de sa fortune, dont on ne connaît pas le chiffre des libéralités, puisqu'il a tout donné, cet homme aurait gardé des fonds cotonniers ? Est-ce possible ? Il y a des faits autour desquels on passe sans vouloir s'y arrêter, et, parce que nous n'avons pas prévu les horreurs de la Commune, parce que nos preuves sont détruites, on nous poursuit. Quand cette générosité a été prouvée quand il me suffit de vous rappeler ces 25,000 fr distribués dans un canton, quand vous apprenez qu'il abandonne à Fleury 4,000 fr. au lieu de 2 000 fr. qu'il avait promis en disant : « Tant mieux pour vous ! »

Voilà l'homme ! On l'accuse de vol.

Quand vous entendez tous ces faits, ils ne vous frappent donc pas ? Ils sont tapageurs ! Que cela me fait-il ?

Cette familiarité qu'on lui reproche, mais elle est louable. Les administrateurs montés sur des échasses ne sont pas les meilleurs.

Un témoin déclare qu'après avoir terminé le conseil de révision, il dit : « Passez à la caisse ! » M. Trutat terminait sa déposition en vous disant qu'il eût été un préfet accompli sans ses excès de générosité. Et M. de Clermont-Tonnerre, et

tous ses amis, vous parlent de sa prodigalité
folle.

M. l'abbé Jouan déclare qu'il souscrivait à
toutes les œuvres de bienfaisance Partout, c'est
la même chose. De l'or, toujours de l'or, encore
de l'or, voilà ce qu'il donnait.

Le préfet donnait, donnait encore, donnait
sans cesse. Quand on veut faire de M. Janvier
un voleur, il faut au moins expliquer cette libéralité folle.

Partout il est le même, avant l'argent des
ouvriers cotonniers, après l'argent des ouvriers
cotonniers. Vous me direz : c'est une présomption ! mais une présomption bien forte.

Tenez, depuis l'affaire, je reçois quinze, vingt
lettres, tous les matins, de tous les points du
département, qui louent la générosité de M.
Janvier.

L'autre jour, un monsieur fort bien m'arrête
dans la cour du Palais de Justice ; il est le propriétaire de l'usine Mercier à Louviers. Il me
raconte qu'un jour M. Janvier a donné 2,000 fr.
en se promenant dans ses ateliers.

Un chirurgien-major m'écrit qu'à Evreux,
lorsque les soldats sortaient de l'hôpital, après
leur maladie, il donnait à chacun une petite
somme, plus ou moins. A ce point de vue, M.
Janvier est un type : il a une maladie, la générosité C'est une noble maladie ; mais enfin elle
l'expose à des défiances, il le sait bien.

Donc, à moins que le ministère public n'ap-
porte des preuves, je dis : « Il n'y a pas matière à condamnation. »

Voyons ces preuves : M. Janvier a justifié
des fonds cotonniers.

Ici, Me Lachaud revient sur les chiffres et sur
les faits. Il rappelle les justifications, les demandes d'explications faites à l'époque. Il explique comment, pourquoi, M. Janvier a désiré
que le conseil général examinât les comptes sur
les faits relevés par M. Deschamps ; M. Janvier
n'a trompé ni le conseil général, ni le gouver-
ment.

En vérité, sur ce point, j'ai beau écouter M. le
procureur général, je ne comprends rien à l'accusation. Laissons la note de M. Halbout. A
quel moment a-t-elle été faite ? Si la distribution n'était pas complète, on ne pouvait pas
désigner l'emploi de toutes les sommes.

A-t-il rendu ses comptes au gouvernement ?
Mais vous le savez, en 1867, on ne lui demandait
plus que la justification de 49,000 fr. Il avait
donc justifié les 98 000 fr.

Il ne faut pas être fort pour comprendre cela.
Voilà un comptable qui doit 147,000 fr., on ne
lui demande plus que 49,090 fr ; il a donc versé
les 98,000 fr. ; donc le reste a été justifié. C'est
l'évidence. En fait c'est à la trésorerie que tout
arrive inévitablement. Mais la Cour des comptes,
qui a dû apprécier en dernière analyse; si elle
ne réclame plus que 49,000 fr., elle reconnais-
sait que les 98,000 fr. étaient justifiés.

Les 147,000 fr. ont été faits en dix douze envois. J'avais justifié les premiers, j'ai justifié les
autres.

Il avait justifié au conseil général, à la Cour
des comptes, peut-on en douter, Vous avez vu

un préfet, M. Tourangin (quel bonheur pour
l'Eure d'avoir eu un semblable successeur à
M. Janvier !), il a fait parler, en 1867, à M. Janvier des 49,000 fr. De 1867 à 1870, il n'y a eu
aucune réclamation Eh bien, eût-on laissé passer ce délai ?

Non-seulement depuis lors vous n'avez pas
de réclamations, mais quelque temps après, il a
été renommé préfet et vous croyez qu'il a reçu
sa nomination avant d'avoir donné son compte.
Il vous dit : « J'ai ma quittance de libération,
puisque le receveur général a reçu un quitus dé-
finitif.

Que voulez-vous de plus ?

Ainsi, pour les fonds cotonniers, il n'en a pas
pris. Il y a impossibilité morale, et, de plus, il y
a impossibilité matérielle, je vous l'ai montré.
Si j'avais les états, je vous en donnerais la preuve ; ils sont brûlés ! S'il sont brûlés, est-ce notre
faute ?

Vous en profitez, nous dit M. le procureur général. Comment, mais en 1870, lorsque Paris
était entier, j'ai écrit pour obtenir ces états la
Cour des comptes existait encore. Pourquoi ne les
a-t-on pas demandés ?

Vous vous étonnez de ne pas les voir au dossier
du ministère de l'intérieur ! Est ce que cela doit
être au dossier du ministère de l'intérieur ? Non.
La Cour des comptes n'a rien fait contre moi,
et le receveur général a été libéré.

Que voulez-vous de plus ? Peut-on aller plus
loin ? Est-ce que je ne vous montre pas que M.
Janvier ne peut avoir mis l'argent des fonds cotonniers dans sa poche ?

L'honorable défenseur parle des enquêtes.
Il cite des conditions étranges de ces enquêtes.

En 1871, on demande ce qu'est devenue une
somme distribuée de 1863 à 1868.

Les hommes sont morts, les ouvriers cotonniers ne sont plus là ! Il donnait à tout le monde. On partait toujours avec la sacoche pleine,
vous a dit un ancien chef de cabinet. Et puis,
est-il bien agréable d'avouer qu'on a été à la
charité ?

Les résultats de la seconde et de la première
enquête sont différents. Voilà encore quelque
chose de singulier.

Me Lachaud cite en passant un fait parmi
ceux qu'il a examinés dans ces enquêtes. I ajoute
qu'indépendamment des causes d'erreurs te-
nant à la disparition des témoins, il pouvait
y avoir le désir de déguiser les libéralités reçues.

Voilà le fait des cotonniers, le seul sur lequel
M. le procureur général m'ait convié à la discussion. Il a parlé des mandats fictifs ; il a posé
des théories qui ne changent pas l'affaire : J'ai
envoyé des états réguliers, je suis justifié.

En a-t-on parlé à M. Pinard ? Comment lui
a-t-on parlé ? On ne sait pas. On ne peut pas
savoir.

Est-ce des affirmation tout cela ?

Non. On répète le mot affirmation ! mais je
veux, j'ai voulu prouver ! Le prodigue, le magnifique, n'a pas gardé l'argent des malheureux !

Les faux ! les mémoires fictifs ! Je voudrais nous entendre. Est-ce que je plaide que les irrégularités sont de bonnes choses ? Est-ce que je vais discuter les virements, les mandats fictifs ? Un faux doit être matériel et intentionnel, causer un préjudice.

Si M. Janvier n'a pas gardé un centime, le condamnerez-vous ? Pourquoi donc un préfet aura-t-il fait les faux, les mémoires fictifs. Pour garder l'argent ? Eh bien ! oui ; il y a certains usages administratifs inévitables ; il ne faut pas les instituer en règle ; mais si je n'ai eu aucun avantage personnel, j'ai commis une altération de la vérité, je n'ai pas fait un faux.

Reste donc une seule question.

Pourquoi a-t-il fait cela, et au milieu de quelles circonstances ? A-t-il pu s'enrichir ? J'ai mon grand cortège d'illustres témoins les plus honnêtes, les plus dignes des hommes. M. le procureur général ne compte pas assez avec eux. Ils jurent que M. Janvier n'a pas gardé une obole ; qu'il a vidé au contraire sa bourse dans la caisse du département. Eh bien ! vous les connaissez mes témoins ! Consultez l'histoire de la justice, jamais vous n'en avez vu de semblables ; jamais de pareils ne sont venus s'asseoir sur le fauteuil du témoignage.

M. d'Albuféra, M. de Lagrange, qui a dit un mot éloquent le mot *jamais*, c'est-à-dire que jamais M. Janvier n'a pu prendre un sou qui ne lui appartînt pas ; le comte de Wallon, et ce vieillard, M. le marquis de Croix, que vous avez vu qui entendait à peine la question, mais dont la réponse était franche ; M. Lefebvre-Duruflé, M. Pouyer-Quertier et tant d'autres, et enfin l'amiral La Roncière-le Noury, un de ces hommes de la revanche et de l'espérance. Voilà mon état-major. Il me semble que je suis glorieusement escorté.

Au nom de la France, je puis le dire, je regrette ce procès.

Ces hommes qui sont venus à cette audience, qui sont les premiers de leurs pays, ils vous affirment que Janvier n'a pu mettre une obole dans sa poche. Et vous le considéreriez comme coupable ?

Il est vrai que, dans un journal très honorable de la ville, *Journal de Rouen*, un conseiller général M. Join-Lambert, a protesté contre les théories de M. Pouyer-Quertier.

Je n'aime pas beaucoup les hommes qui, pouvant être appelés comme témoins, écrivent leur opinion au moment d'un procès, en face d'un accusé, et puis M. Lambert aurait dû se rappeler qu'il y a quelques années, ayant voulu être conseiller général, il avait comme adversaire M. Janvier. Donc cette lettre est étrange, elle est au moins parfaitement malhabile.

Passons ! je reste avec les hommes considérables, qui ont fait une preuve, la preuve que j'ai faite moi-même ; la preuve de notre honorabilité ! Je reste avec ces quatre accusés aux abois, Chevalier sur lequel vous avez entendu rendre un si beau témoignage par M. Raoul Duval. Oui, M. Raoul Duval me plaît, moi ; vous l'avez pris, messieurs, à la magistrature pour en faire un législateur, vous avez bien fait. C'est un homme honnête, plein de calme, plein de droiture, de franchise, il a une manière de dire qui me va, moi !

Ah ! vous faites des concessions qui ne sont pas possibles.

Si ces hommes sont les plus honnêtes, s'ils n'ont pas volé, qu'est-ce que je fais là, moi ; ils n'ont pas besoin d'avocat.

Bourguignon est le plus honnête homme du monde Boulanger aussi, et voulez que j'aie pactisé avec ces deux honnêtes gens !

Si ces hommes sont innocents, nous aussi ; s'il est établi que les sommes dont vous parlez sont passées entre leurs mains, que voulez-vous ? c'est la preuve que je n'ai rien reçu.

Et Alexis, qui avait son petit livre, qui payait pour moi, vous m'en faites un reproche.

La présence de ces trois hommes si honnêtes parle pour moi. Sans ceux que je voyais, honnêtes hommes, eh bien, avec qui aurais-je pu voler ?

Je ne me cachais pas de mes faiblesses, de mes écarts ! Mais est-ce à dire que j'en suis arrivé aux crimes ?

Au premier jour, on pouvait croire à l'accusation ; mais aujourd'hui, irrégularités, vous le répéterez tant que vous voudrez, mais ce n'est pas un crime !

En faisant les choses immenses que l'on a vues dans l'Eure, on a pu recourir à des moyens exceptionnels. Sur 65 millions qu'aura eus ce préfet pendant son administration, il a fait des mémoires fictifs. Pour combien ? 80,000 fr. Pour des irrégularités, on n'envoie pas un préfet au bagne. A-t-il profité ?

Ici, M° Lachaud passe en examen rapide les faits incriminés pour faux. Il aime les grandes fêtes et trace le portrait des pompiers de l'Eure. D'après lui, c'est une ingratitude de reprocher à M. Janvier ces fêtes, qui enrichissent un pays.

Le pont d'Andé ? C'est M. Boulanger qui a fait le pont. C'est lui qui a organisé la fête. Est-ce que le conseil général a voté des fonds ? Non. Il en fallait cependant.

M. Boulanger a fait les mémoires, dont il n'a jamais mis un sou dans sa poche. Vous le savez. C'est là que se place le fait Godard, dont l'on a tant parlé.

Ce M. Godard donne sa quittance d'avance. Il a raison, c'est prudent. La distribution des fonds du mémoire en a été faite aux autres fournisseurs. Le conseil général était là ; il a ratifié. C'est irrégulier, dites-vous ? C'est possible. Oui, mais le pont est fait, et les populations sont heureuses, et tout le monde a été content.

Voyons le concours régional.

Ici, quelques sommes lui ont été données directement ; le reste a été mis entre les mains des autres. Ce concours a été admirable. Nous en avons des gravures, des photographies. Il était beau ; rien de plus beau ne s'est vu.

On apprend que l'empereur veut venir.

Il y a des frais à faire. Il faut les payer. Cette fête, elle a été splendide !

M. Havin, qui n'a jamais passé pour une imagination enthousiaste, écrivait : « Mon cher, vous êtes un magicien ! » La magie ne se fait pas

pour rien. Et M. Germain, qui écrivait dans *le
Temps* l'éloge de cette fête Et enfin M. Deschamps,
qui écrivait cette lettre dans laquelle il disait :
« Vous êtes brave jusqu'à la témérité. »

Eh bien ! oui, c'est un concours régional sortant de l'ordinaire, le plus beau qu'on ait jamais
vu ! Des fleurs ! La flore de France, de Belgique,
de Hollande ! Des voyages ! deux voyages en
Belgique ! Eh bien ! comment tout cela a-t-il
été payé ? Des ballets, des représentations, des
gratifications, que sais-je ! Dans les fêtes publiques, la police qui veille et l'enthousiasme qui se
paie, tout cela coûte, et le conseil général a toujours dit : « Ça n'est pas trop cher, » et il ne
s'est pas cru volé.

Comment voulez-vous, au milieu de tout ça,
qu'il ait mis de l'argent dans sa poche ?

La ville d'Evreux a réclamé ! Elle a eu la dé-
cence de ne pas venir débattre son droit ! Nous
verrons devant la justice civile.

Me Lachaud aborde rapidement l'incident Vittecoq, et donne aussi des explications sur les mémoires intitulés. Illuminations. L'asile des Aliénés.

Que vous dirai-je, après toutes les choses si
éloquentes si complètes, contenues dans les plaidoiries de Me Frère et de Me Vaucquier du Traversain ?

La chambre à coucher ! M. Janvier a-t-il touché un pot-de-vin ? Voyons. Ah ! il n'y a pas eu
adjudication. Rappelez-vous la déposition de
M. Pinard.

M. Janvier voulait changer le mobilier de sa
chambre. Eh bien, vous savez qu'il n'avait pas
toujours été très sage, vous comprenez le sentiment qui l'inspirait alors.

Quand on est en face d'un des plus grands
procès modernes, quand on en vient à placer un
des plus haut dignitaires de l'Etat sur ces bancs,
parce qu'il y aura eu des irrégularités dans ses
comptes, vous viendrez dire qu'il est un faussaire,
un voleur ! Vous déshonorerez son nom, sa famille !

Oui, à celui qui a eu la volonté du vol, qui a
pris, on ne sera jamais assez sévère. Mais au
fonctionnaire qui aime les fêtes, une condamnation ! vous n'y consentirez jamais !

J'ai prouvé que tous mes comptes avaient été
rendus ; qu'aucune de ces sommes n'a jamais été
dépensée pour mes plaisirs, pour mes fautes.
Que voulez-vous de plus ?

A-t-il eu besoin d'emprunter au département ?
ce sera mon dernier mot. Il a volé le département ! mais il a dépensé 1,100.000 fr., son traitement. Qu'a-t-il fait de cet argent ? Il a payé
ses folies ; il a dépensé 1,500,000 fr. à 1,600,000
fr., et il a eu besoin de voler ! Ah ! s'il n'avait

pas fait des dettes, des emprunts... Mais est-ce
possible ?

Il a pu, jusqu'à concurrence de 1,100,000 fr.,
emprunter. Il a dévoré son traitement sa fortune,
M. Raoul Duval vous a édifié. C'est à l'époque
de la crise des ouvriers cotonniers qu'il a dépensé sa fortune.

En 1861, on a payé 420,000 fr. et 20,000 fr.
en plus.

Il a eu de l'argent, de bon argent. En 1861, il
n'avait plus de dettes. Il en a fait de nouvelles, et
en 1868 ou payait 700,000 fr., s'il a dépensé
700,000 fr., c'est qu'il a trouvé du crédit. Il n'a-
vait pas besoin de voler. C'est une faute d'avoir
dévoré la fortune de sa famille, il a eu tort,
ses entraînements l'expliquent. Mais, plus
il aura engagé sa fortune, plus elle aura eu à
payer pour lui, moins il aura pu prendre l'argent
du département.

Messieurs les jurés, je finis. J'étais bien sûr
que la vérité ressortirait de ces débats, de cette
plaidoirie si pleine de détails. Je suis bien tra -
quille. Je demanderais même à ses ennemis si
c'est un malhonnête homme ; mais vous, messieurs les jurés, vous n'êtes pas ses ennemis,
j'ai des hommes devant moi qui sont des hommes
sincères, éclairés, surtout honnêtes.

Ah! il y a longtemps que j'étudie le dossier ;
je n'y ai pas rencontré une pièce qui puisse changer le débat. J'y ai bien trouvé, en revanche,
cette expertise qui dit que M. Janvier n'est pas
coupable.

Ah ! Soyez-en-sûrs, avec l'âge cet homme
s'apaisera, redeviendra l'un des meilleurs, l'un
des plus solides soutiens du pays. Sa famille,
cette mère qui mourrait si le cœur de son fils
était atteint par sa faute ; sa famille qui a tout
sacrifié pour lui, ses enfants ! Ah ! pour eux tous,
ce serait cruel de voir la honte tomber sur son
front. Et encore ceci, c'est la souffrance indivi-
duelle !

Mais ce qui a été mon immense joie, c'est de
voir sortir intact de ces débats l'honneur du pays.
Grâces à Dieu, il ne sera pas dit que de grands
fonctionnaires de notre patrie auront pu se rendre coupables de toutes ces infamies !

Oui, Janvier, ce grand fonctionnaire, est encore digne de figurer dans ce glorieux état-major
de ceux qui dirigent notre pays. Et ma dernière
parole sera celle que je me disais ce matin en
entrant dans cette audience : Dieu soit béni de
nous avoir épargné l'ignominie de nos fonctionnaires !

L'audience est levée à six heures et demie.
L'affaire est renvoyée à demain onze heures.

Audience du 4 Mars 1872

L'audience est ouverte à onze heures un quart.

M. le président. — Premier accusé, avez-vous quelque chose à ajouter à votre défense?

L'accusé. — Rien, monsieur le président!

Les trois autres accusés font successivement la même réponse.

M. le président. — Les débats sont terminés!

M. le président commence son résumé en ces termes :

On vous disait hier, messieurs les jurés : «Pourquoi prolonger inutilement ce débat? Pourquoi plaider ? Votre conviction est déjà formée ; la vérité a maintenant éclaté à vos yeux ; tout le reste du débat, vous n'avez pas à vous en occuper ! »

Messieurs les jurés, c'est là une erreur ; votre tâche n'est pas terminée, elle commence ; c'est à présent que commence pour vous cette responsabilité que l'on demande à d'honnêtes gens. Cette responsabilité ne se base pas sur les entraînements, résultat de paroles généreuses, mais bien sur des faits, sur des preuves, sur des raisonnements, en un mot sur des éléments acquis au procès.

Non, messieurs, vous ne pouvez pas vous décider sur des impressions ; et, en effet, placez-vous sur le terrain d'un débat ordinaire et représentez vous un témoin qui vienne dire ceci :

« Je ne connais pas l'affaire, je ne l'ai pas étudiée comme vous, je n'ai pas entendu les dépositions, je n'ai pas pris lecture des pièces, je ne me suis livré à aucune méditation sur cet ensemble ; mais, en présence seulement de l'acte d'accusation et à la vue de l'accusé, je dis qu'il n'est pas coupable, et vous devez, sur mon affirmation, déclarer qu'il n'est pas coupable. »

Non messieurs les jurés, ce n'est là pour vous un élément de décision ; le seul qui puisse satisfaire vos consciences, c'est l'examen des faits ; c'est donc là qu'il faut en venir.

Et j'ajoute que le débat aurait gagné à ne pas changer de physionomie. Vous n'avez pas oublié qu'au début les témoins ont apporté ici des dépositions calmes, sans passion, au moins apparentes. D'autres sont venus ensuite qui n'ont pas conservé cette attitude.

Les premiers, ceux qui ont été entendus au commencement du débat appartiennent en grande partie au conseil général de l'Eure et ont été pour la plupart favorables à l'accusé et la justice le savait et le ministère public les avait néanmoins cités à cette audience. Mais ces témoins n'ont pas eu une attitude aussi prononcée pour ne rien dire de plus, que ceux qui les ont suivis.

En ce qui concerne l'examen des charges relevées contre les trois derniers accusés, le débat ne s'est pas ainsi passionné ; cela, messieurs les jurés, est heureux pour votre décision, et aussi fort heureux pour les accusés ; car, s'ils sortent d'ici acquittés, il est incontestable qu'ils ne devront pas à des ardeurs qu'il eût fallu peut-être réprimer.

M. le président rappelle les considérations qu'ont fait valoir le ministère public et la défense en ce qui concerne la situation des accusés Vittecoq, Boulanger et Bourguignon.

Pour ceux-là, ajoute M. le président, la tâche était facile, le débat avait été suivi froidement avec calme ; pourquoi n'en a-t-il pas toujours été de même à l'égard de l'accusé principal ?

Vous avez entendu deux plaidoiries, l'une froide, calme, étude et réfutation habiles, consciencieuses des faits résultant de la procédure et du débat public ; l'autre brûlante, pleine d'ardeur et d'éloquence, de cette éloquence que nous avons eu souvent l'occasion d'apprécier depuis nombre d'années que nous avons l'honneur de siéger aux assises.

Mais enfin, pourquoi ces émotions que rien n'avait fait naître? Pourquoi ces passions éveillées, cette vivacité apportée à la fin de la dernière audience ? Est-ce là l'affaire? Est-ce là le débat ? Ce ne l'était pas au commencement ; pourquoi le serait-ce à la fin ?

Ah ! vous aviez entendu déjà des plaidoiries anticipées ; des témoins avaient donné l'exemple on avait cité des noms de magistrats, on avait cru même pouvoir raconter une conversation qu'un ancien magistrat avait eue avec son chef hiérarchique !

Pourquoi toutes ces critiques contre cette procédure ? Est-ce que les faits ne sont pas là; est-ce que ce ne sont pas des faits qui vous sont soumis, que vous avez à juger ?

Et, en définitive, nous avons assisté à ce singulier spectacle d'un accusé allant moins loin que les témoins qu'il avait fait citer pour sa justification Alors que l'accusé disait qu'il ne se donnait pas comme un modèle d'administration, on déclarait que jamais préfet pareil n'avait existé; puis, alors que l'accusé convenait que sa conduite pouvait bien donner lieu à quelque critique, le témoin la retrouvait irréprochable.

Que fait la politique à ce débat ? Est-ce là un procès politique ? Un des ministres du pays vient; et il en a le droit; défendre l'accusé ! Je vous le demande, est-ce là un signe de passion politique ? Un arrêté du chef du pouvoir exécutif, contresigné par M. le garde des sceaux, autorise M. le ministre des finances à déposer, comme il l'avait demandé !

Ecartons donc ces questions, qui n'auraient pas dû naître, et qui, il y a deux jours ne paraissaient pas devoir naître.

S'agit-il d'un procès fait aux anciennes administrations ? Un instant on a pu le croire, quand un témoin est venu dire que « cela se passait ainsi partout. »

Non ! pour l'honneur de l'administration

française, que nous connaissons depuis longtemps, les fonctionnaires de tous les régimes
n'ont pas agi ainsi. Il ne faut pas, pour donner
un bill d'indemnité à un fonctionnaire, critiquer
les actes de toute l'administration française, qui
a toujours agi au grand jour.

Sans parti pris, sans passion politique, n'avons-
nous pas vu tous l'homme qui servait le gouvernement déchu dans ce département depuis vingt
ans, partir en emportant les regrets et l'estime
de tout le monde dans la retraite où il s'est placé ? Y a-t-il une comparaison possible.

Écartons tout cela ; je ne devais pas en parler,
je ne l'aurais pas voulu ; les premiers moments
du débat vous l'ont prouvé.

Dira t-on que c'est un procès fait au conseil
général de l'Eure ? Pas davantage, et je ne com-
prendrais pas qu'il songeât à se défendre Ce
n'est pas là l'affaire de la justice qu'il ait plus
ou moins bien administré ?

Pourquoi donc tant de passion, tant d'ardeur ?
Voyons les faits : une plainte portée le 22
septembre. et un homme à la parole sympathi-
que et qui m'honore personnellement de son
amitié, M. Pinard, disait en votre présence :
« J'ai regret que la plainte n'ait pas été portée
sous mon ministère ! » Pour tous ceux qui ont
connu le magistrat, cela veut dire que, dans ce
cas, il aurait cherché à s'assurer si la plainte
était fondée.

Mais est-elle fondée ? Voilà la question. Dans
les dates mêmes on peut trouver un enseigne-
ment et se demander si les formalités légales
exigées alors pour la poursuite d'une pareille
plainte sont pas précisément ce qui l'a fait retarder ?

Quoi qu'il en soit, voyons quelle est cette
plainte : elle émane du maire d'une grande ville,
devenu député, conseiller général par le suffrage
de ses concitoyens. C'est quelque chose que cela,
messieurs, à quelque parti que l'on appartienne.
Peut-être n'aurait-on pas dû en parler si légè-
rement ; est-ce que, tous les jours, sur une
plainte, même anonyme, si un vol, si un crime
a été commis, la justice ne poursuit pas.

Puisque des noms ont été cités, certaines explications sont nécessaires La plainte avait été
adressée à M. le procureur général de Leffemberg qui a répondu par une mesure. La lettre,
vous la connaissez ; elle se résume dans ces
mots : « J'ai reçu votre plainte je me rensei-
gnerai. » La mesure, la voici : le magistrat
dont il a été question, est aujourd'hui un de nos
collègues à la Cour ; voilà la réponse !

M. de Leffemberg n'a pas poursuivi pour une
excellente raison. Il n'était plus procureur général le 5 septembre ; il n'a pas voulu prendre
une responsabilité qui ne pouvait plus lui appartenir.

D'ailleurs, pourquoi ne pas faire citer l'honorable magistrat ? C'est peut être heureux que
l'on s'en soit abstenu ; son appréciation n'eût
peut-être pas été celle que l'on avait supposée.

Ne nous arrêtons pas davantage à des considérations auxquelles nous avons été entraîné
parce que, lorsqu'un magistrat est attaqué c'est
notre droit et notre devoir de dire devant tous ce
qui s'est passé.

M. le président continue son résumé en repro-
duisant les charges relevées par le ministère public et les moyens de défense invoqués par les
avocats des accusés.

Arrivant aux critiques dont l'arrêté de débet
rendu par le ministère de l'intérieur a été l'objet
M. le président s'exprime ainsi :

Vous l'avez entendu, messieurs, le témoin
vous disait : « L'arrêté, je ne le connais pas,
je ne l'ai connu que par l'acte d'accusation ? »
Vous avez retenu ces paroles ? Sur l'interpella-
tion de M. le président lui demandant si cet arrêté ne lui avait pas été notifié, le témoin ré-
pondait : « Il ne m'a pas été notifié, »

Or messieurs les jurés. je ne connais pas
d'autre notification — et il serait difficile d'en
trouver une plus précise— que celle-ci : la correspondance. Eh bien ! voici dans quels termes
M. le ministre des finances accusait réception
d'une lettre qui lui avait été adressée par M. le
ministre de l'intérieur :

« Paris, le 22 février 1872.

« Monsieur le ministre et cher collègue,

« J'ai l'honneur de vous accuser réception
de la décision de votre prédécesseur. qui m'a été
transmise par dépêche du 30 janvier dernier, et,
aux termes de laquelle M. Janvier de la Motte,
ancien préfet de l'Eure, est constitué débiteur
envers l'état de 213,861 fr. 15 c. montant des
sommes qu'il a touchées en sadite qualité, et
dont il n'a pas rendu compte.

» Des mesures vont être prescrites pour sauvegarder autant que possible les intérêts du
Trésor dans cette affaire. Toutefois mon administration aurait besoin de savoir avant tout si
la décision énoncée plus haut a été notifiée au
débiteur et à quelle date ; cette notification
ayant pour objet comme vous savez de faire
courir le délai de trois mois accordé aux ayants
droit pour se pourvoir devant le Conseil d'État,
et de conférer l'autorité de la chose jugée aux
décisions contre lesquelles cette voie de recours
n'a point été employée.

» Je vous serai également obligé, monsieur
et cher collègue, de me faire connaître quel est
le dernier domicile légal de M. Janvier de la
Motte, où il est actuellement détenu ; s'il pos-
sède des ressources mobilières ou immobilières ;
quelle en est la situation ; s'il est appelé éven-
tuellement à recueillir quelque succession. et
généralement de me transmettre tous les renseignements concernant ce redevable qui seraient
en votre possession et qui vous paraîtraient de
nature à faciliter l'action du Trésor.

» Agréez, etc.

« Pour le ministre,
« Le chef de la direction du contentieux,
« Signé : DE LABEYRE. »

Voilà, messieurs, ajoute M. le président, dans
quelles conditions se produit le débat sur ce
point : un arrêté du supérieur hiérarchique de
l'accusé est transmis, comme cela se doit faire,
à celui qui est chargé de l'exécuter, s'il le juge

convenable ; celui-ci ne juge pas convenable de l'exécuter, mais l'arrêté ne disparaît pas pour cela !

M. Pouyer-Quertier, informé par le télégraphe, a répondu, par la même voie, au président de la cour d'assises en ces termes :

« On vous a induit en erreur ; l'accusé de réception dont vous avez parlé n'est que de forme et est donné par un fonctionnaire du contentieux ; cela n'a aucune valeur que comme constatation de réception, mais cela n'invalide en rien ce que j'ai dit.— POUYER-QUERTIER. »

Cette protestation a été communiquée aux défenseurs ; mais il n'était plus possbile d'en faire usage, les débats étant clos.

M. le président continue son résumé, qu'il termine à une heure et demie.

Il donne ensuite rapidement lecture des nombreuses questions auxquelles doit répondre le jury ; cette lecture ne dure pas moins de dix minutes.

Le jury entre dans la salle de ses délibérations à une heure dix minutes ; il en sort, après plus de cinq heures de délibéré.

L'audience est reprise à six heures et demie.

M. le président. — Je recommande à l'auditoire de s'abstenir de toute espèce de manifestation.

Monsieur le chef du jury, veuillez faire connaître la déclaration du jury.

M. le chef du jury. — Sur mon honneur et sur ma conscience, la déclaration du jury est, sur toutes les questions : Non.

M. le président. — Faites entrer les accusés.

Le plus profond silence règne dans la salle.

Les accusés tardent quelques instants à arriver. Quand ils prennent leurs places, l'accusé Janvier paraît profondément ému, il pâlit, ses défenseurs lui adressent à voix basse quelques mots qui calment son émotion.

M. le président au greffier. — Donnez lecture de la déclaration du jury.

Le greffier : La déclaration du jury est, sur toutes les questions : Non.

M. le président. — Vu le verdict du jury, nous déclarons que les quatre accusés sont acquittés et ordonnons qu'ils seront immédiatement mis en liberté s'ils ne sont détenus pour autre cause. — L'audience est levée.

On entend quelques applaudissements dans le public.

M. le président. — Quelles sont ces manifestations indécentes ?

M. Janvier se jette dans les bras de ses défenseurs et salue le jury. Quelques amis l'entourent et lui prennent les mains.

FIN

Evreux. — Hip. RODT, imprimeur, boulevard De Chambaudoin

3